明代登科錄彙編十八

貴州鄉試錄序

聖天子受萬年之曆瑩精太平首
詔郡國貢士毋以荒服有茂才異
等者令與計偕不適者罰毋
赦於是巡按貴州監察御史
楊允中奉
詔慨然曰是

聖天子始承龍翼而設天網以羅
士也豈其不弘於薪槱之道
徒拘方牽俗哉則千里走幣
聘保與教授施弘璉董試事
而分校則教諭程道淵王執
中相與羣寅闈中而誡之曰
是

聖天子將藉士人以易海內使創
道德之塗垂仁義之統而登
于至平也知人則哲惟艱哉
旣進提學副使吳國倫所簡
之士三校之而得三十人則
又集諸百執事而交相慰曰
是

聖天子挍奇反陋宣

皇明於疎逖故士之應之如晨風

鬱北林巨魚之縱大壑也若

此哉事竣當錄其文以

獻於是保作而颺言曰保嘗覽

觀司馬子長所著史傳而諗

大明之德逢涌原泉汪濊四塞衍

溢方外我
聖天子睿德叅神與靈合契不假
歲月而震聲日景光被乎六
幽也皇皇哉其疇得而亙之
哉傳言西南君長以什數夜
郎最大乃其族左言雕結不
入職方楚莊蹻略定其地然

塞未通秦通五尺道諸國頗
置吏焉至漢羈縻之稍令自
葆就耳然猶與中國竝也次
之侵禮犯義於邊境不則構
戮自擅攻當路塞以絕於中
國歷世茲多不可殫紀
明興德洋仁普連四海以為帶而

東南一尉西北一候滇夜郎

之地歸諸版圖蓋靡不同源

共流昭景飲醴而稟印厤和

矣

聖天子猶以沉恩未流懼聲教之

弗歷乃越拘攣之見馳域外

之謀將博恩廣施使習奧闓

昧得晰於光明而夷道無巢居之民豚水無洗耳之士也士際其時亦將何自表見乎雖沐浴嘉運游淳風沫淑清感被無外而羅甸之區刻木爲文擊銅祀鬼以爲禮吹匏笙蹮袂宛轉足頓地以爲樂

八番之陋猶有存者士固其
先徙自中土世世稱實塞而
朝廷所資以變夷者也亦思所
以揚
德意易服矯俗俾皆浸淫禮讓乎
毋徒曰道里遼遠山川阻深
流風猶微尚踵其故無足與

易也夫士生絕域束髮受書
食芋菽棲蒿萊與戍卒編氓
爲伍至微細矣乃今一日登
名於
天府舉國以爲寵薦紳大夫相賛
以爲賢士亦何以得此言而
稱之嘗聞睎景炎者不隱迹

赴洪響者必急節躡

熙隆之會其及幾而從事乎士所

生地粵在荆梁昔者荆州之

貢聖人則之猶傳後世以爲

經紀矧士懷奇而先資其言

以貢於

帝廷乎夫揚旌設簴旁羅民秀者

上所以擇士也夙夜恇營蒿目苦
心以差分淑慝者主司所以
報
上也發憤砥礪展采錯事騰茂實
而蜚休光者士所以答主司
也諸士勗矣易曰飛龍在天
大人造也

聖天子方造於上而士獲燿
日月之末光揚聲紫微也不厚
幸哉諸士勗矣是役也提調
則左布政使于錦左參政程
大賓監試則按察使劉侃副
使林澄源乃巡撫都御史蔡
文保綏疆宇翼宣

文命總兵署都督僉事吳國以戎

事至刑部郎中黃焯主事陸

宗淵以

使事至右參政吳椿左參議許

宗鎰右參議葉憲副使劉行

素僉事沈開李繼芳右參將

孫克謙署都指揮僉事王德

懋王夢弼則皆綜理防範於
外副使方邦慶右參議許天
琦署都指揮僉事楊仲皆先
期以入
賀行故事得並書云
江西贛州府儒學教授周傑
謹序

萬曆元年貴州鄉試

監臨官

巡按貴州監察御史楊允中 祖堯直隸興化縣人 乙丑進士

提調官

貴州等處承宣布政使司左布政使于　錦 實甫山東濟寧衛人 甲辰進士

貴州等處承宣布政使司左叅政程大賓 汝見直隸歙縣人丙 辰進士

監試官

貴州等處提刑按察司按察使劉　侃 正言湖廣京山縣人 癸丑進士

貴州等處提刑按察司副使林澄源 仲清福建莆田縣人 己未進士

考試官

江西贛州府儒學教授周　保　子眞浙江鄞縣人辛未進士

江西瑞州府儒學教授施弘璉　仕商福建惠安縣籍晉江縣人癸卯貢士

同考試官

四川雅州蘆山縣儒學教諭程道淵　原洛江西樂平縣人辛酉貢士

雲南楚雄府定遠縣儒學教諭王執中　惟允雲南蒙化衛籍四川南充縣人丁卯貢士

印卷官

貴州等處承宣布政使司理問所副理問葉繼緒　汝孝浙江桐廬縣人監生

貴州等處提刑按察司經歷司知事劉　沛　宗李四川忠州人吏員

收掌試卷官

貴陽府知府李[illegible] 伯清直隸濬縣人丙午貢士

鎮遠府知府薛翱 仲思湖廣江陵縣人己酉貢士

受卷官

思州府知府莫如德 惟一廣西藤縣人丙午貢士

思南府知府田稔 慶甫山東高唐州人丙辰進士

都勻府知府陸東 道[illegible]河南[illegible][illegible][illegible][illegible][illegible][illegible]縣人戊戌進士

黎平府知府劉汝順 [illegible]貞江西清江縣人甲午貢士

彌封官

貴陽府同知高任重 少仁雲南廣南衛籍直隸磁州人壬子貢士

貴陽府推官常正和 致爾四川富順縣人辛酉貢士

石阡府推官管東生 思伯湖廣安陸衛籍直隸長洲縣人戊午貢士

銅仁府推官唐宗正 以中湖廣靖州人甲子貢士

膳錄官

永寧州知州吳敦本 尚之江西浮梁縣人甲午貢士

安順州知州張九功 惟敘雲南永昌衛籍直隸合肥縣人乙卯貢士

都勻府獨山州知州林汝桂 世用廣東揭陽縣人丁酉貢士

思南府印江縣知縣雷學皐 舜輔雲南臨安衛籍應天府上元縣人戊午貢士

對讀官

鎮遠府施秉縣知縣潘　龍 雲卿雲南永昌府籍直隸儀真縣人甲子貢士

黎平府永從縣知縣楊春煦 原靜[illegible]太和縣人戊午貢士

思南府婺川縣知縣萬　銑 濟貞雲南臨安衛籍江西南昌縣人辛酉貢士

鎮遠府鎮遠縣知縣鍾伯節 叔才雲南曲靖衛籍陝西甘泉縣人丁卯貢士

巡綽官

新添衛指揮使陳尚仁 德安直隸山陽縣人

普定衛指揮使王報國 子忠江西都昌縣人

貴州衛署指揮使馬舜卿 宗堯直隸儀真縣人

貴州衛指揮同知蘇九野　龍仁湖廣武昌府人

貴州前衛指揮僉事佘文明　德孚直隸全椒縣人

威清衛指揮僉事柳廷用　汝賢湖廣公安縣人

貴州衛左所副千戶李大紀　用之直隸靈璧縣人

貴州衛中所副千戶彭鶴齡　仁卿湖廣應城縣人

貴州前衛左所副千戶趙　曆　永年江西豐城縣人

新添衛左所副千戶劉　德　汝明直隸合肥縣人

貴州前衛中所百戶歸應爵　惟仁浙江西安縣人

搜檢官

貴州前衛指揮同知楊雲程 道亨湖廣德安府人

貴州衛指揮同知顧天麒 國瑞直隸江都縣人

貴州前衛指揮同知王行仁 育夫直隸碭山縣人

貴州前衛指揮僉事葛守仁 恒齋直隸泰州人

普定衛指揮僉事殷仲春 子仁直隸揚州府人

新添衛中所正千戶張世德 紹先直隸淮安府人

貴州前衛右所副千戶魏恩 世臣直隸泰寧縣人

普定衛左所副千戶不世英 廷賢陝西開城縣人

新添衛後所副千戶朱朝用 賢甫浙江仁和縣人

貴州衛右所百戶程師周 子文湖廣江陵縣人

貴州前衛中所百戶王曰賢 佩能江西新昌縣人

供給官

貴州等處承宣布政使司經歷司都事胡宗顏 道顯江西廬陵縣人監生

威清衛經歷司經歷張宗暉 迎之四川巴縣人吏員

興隆衛經歷司經歷陳冠 文卿湖廣綏寧縣人吏員

安南衛經歷司經歷歐文鎧 衛之湖廣平江縣人吏員

安莊衛經歷司經歷楊昇 啓明雲南歸化縣人吏員

龍里衛經歷司經歷黃文譜 繼宗廣西全州人吏員

清平衛經歷司經歷易文相 宗虎湖廣巴陵縣人吏員

新添衛新添長官司吏目石良顯 崇貴四川璧山縣人吏員

永寍州慕役長官司吏目周 采 贊夫四川巴縣人吏員

貴州宣慰司貴州驛驛丞方 鏜 汝哲江西大庾縣人吏員

貴州宣慰司陸廣驛驛丞佘桂榮 光將四川仁壽縣人吏員

第壹場

四書

子貢曰如有博施於民而能濟衆何如可謂仁乎子曰何事於仁必也聖乎

悠遠則博厚博厚則高明博厚所以載物也高明所以覆物也悠久所以成物也

士何事孟子曰尚志曰何謂尚志曰仁義而已矣

易

修辭立其誠所以居業也
君子之光有孚吉象曰君子之光其暉吉
也
制而用之謂之法利用出入民咸用之謂
之神是故易有太極是生兩儀兩儀生
四象四象生八卦
聖人之大寶曰位
書
祗承于帝曰后克艱厥后臣克艱厥臣

若濟巨川用汝作舟楫

以予小子揚文武烈奉答天命和恒四方

民居師

王左右常伯常任準人綴衣虎賁周公曰

嗚呼休茲知恤鮮哉

詩

瞻彼淇奧綠竹青青有匪君子充耳琇瑩

會弁如星

君子至止言觀其旂

瑟彼玉瓚黃流在中豈弟君子福祿攸降

鳶飛戾天魚躍于淵豈弟君子遐不作

人

保有厥士于以四方克定厥家

春秋

春王正月隱公元年春公會戎于潛隱公

二年

秋七月公會齊侯宋公陳世子款鄭世子

華盟于甯毋僖公七年

冬齊高子來盟閔公二年夏五月宋人及
楚人平宣公十有五年
吳子使札來聘襄公二十九年

禮記

行爵出祿必當其位

如此則四海之內合敬同愛矣禮者殊事
合敬者也樂者異文合愛者也禮樂之
情同故明王以相沿也

廣大而靜疏達而信者宜歌大雅

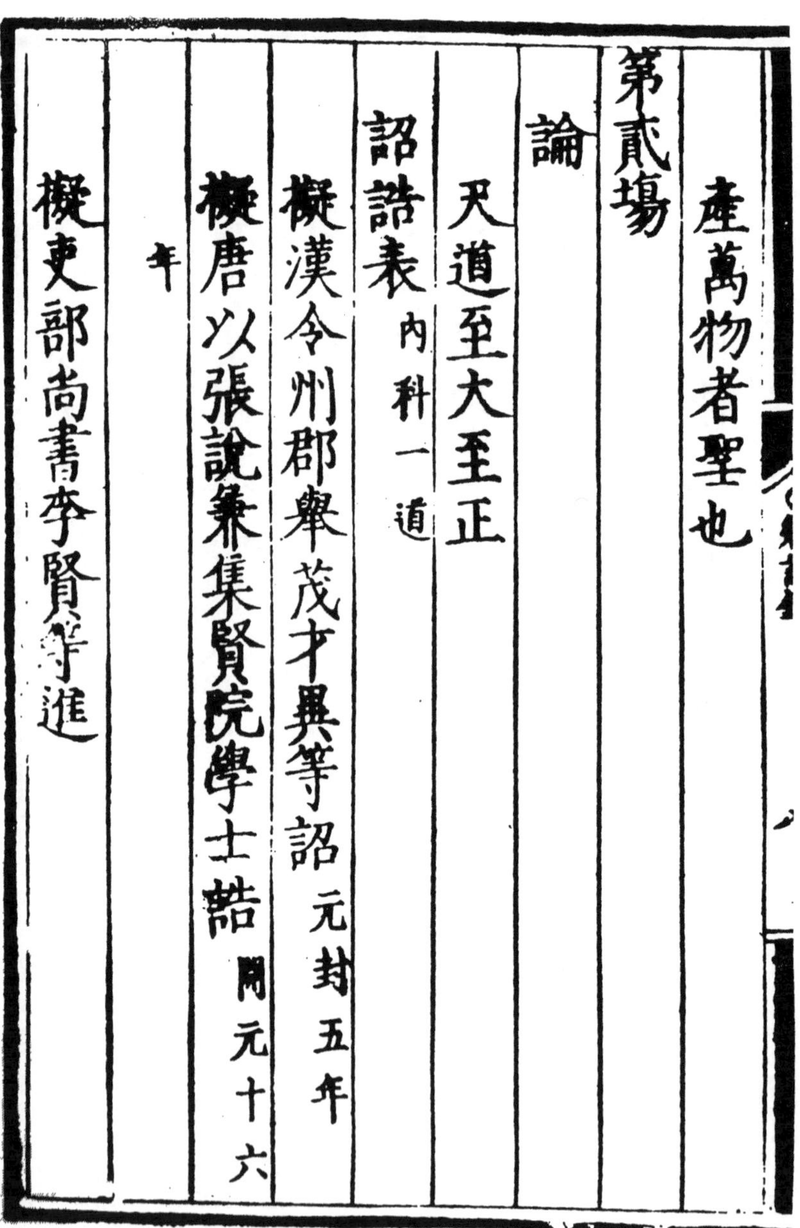

產萬物者聖也

第貳場

論

天道至大至正

詔誥表 內科一道

擬漢令州郡舉茂才異等詔 元封五年

擬唐以張說兼集賢院學士誥 開元十六年

擬吏部尚書李賢等進

大明一統志表 天順五年

判語 五條

官吏給由

賦役不均

禁止迎送

聽訟迴避

冒破物料

第叁場

策 五道

問古帝王起冲齡而紹鴻烈者莫尚於商
太甲周成王豈其性則然要其所毓德
與弼違者豫也宋儒尚論殷周推隆師
保之責必有以也今觀保衡之所稱引
與公旦之所勗迪惟祖述先王以資檢
鏡將昔人以古為鑑意歟抑別有所以
翼聖功也漢而下嗣德之君夙著哲慧
若識燕書之詐辨吏牘之文與受無逸
之圖而施之屏閤者類皆視殷周二君

過之顧其治遠不逮豈豫養之學微柳
師保之未稱歟我
高皇帝開創大業曁
列聖繼序嗣統竝在盛年道隆繼述二百餘禩
矣我
皇上獨以冲睿踐阼
帝圖臨御以來萬幾旁燭
經筵日講聽納靡倦天下臣民慶幸深矣頃
輔臣悧

帝鑑圖說進之媺惡竝陳豈啓畧用[illegible]
聖主不廢歟乃
皇上改容受覽指其中一一顧問毅然興法古
圖治之心且
勑禮官宣付史館以昭
君臣交修之義即殷周令主不逮也士欲仰效
聖修之助則何以哉其敬陳之以徵忠款
問作者之謂聖述者之謂明其義區以別
矣孔子集大成固明聖之至也乃自謂

述而不作豈不得作歟抑不容作也使其得位得時亦猶止於述歟乃曾子作大學子思作中庸豈亦猶夫述歟孟子曰孔子作春秋朱子則謂之脩佪異也毋亦各有其義歟夫孔子述六經功誠倍於作矣又有謂其作七緯者何弗述也亦有俾於經歟後之祖述六經若爲六藝略者其於作者之旨何如即孔子所以止於述者恐不獨以其不得位也

前聖之所作孔子之所述必有大端可槩後之人能無背其義歟諸生誦法孔子其各述所見以復

問士之服官其道非一端可盡乃官箴獨以清愼勤槩之豈三事之外非所急與抑此其要也及觀趙善璙氏所集自警編詳矣約之亦不出此三者今觀所載如不拜受賕之賜固遜職田之租與夫五爲州而清白益礪兩柢郡而琴鶴自

隨非清乎如力自規檢而庶幾寡過居
位愼密而稱爲脩謹與夫書守口于座
屛置行箱于廳事非愼乎如終夜計過
而不敢安寢盛暑涖事而汗出浹背與
夫典劇郡而五鼓視牘居夷陵而日閱
陳案非勤乎斯其人可歷指而言否抑
不知於三事能兼盡否彼其清歎於愼
勤遺夫清者將無刓缺否然又有以解
任留犢爲激以醇謹備位爲靡以躬校

簿書爲勞者豈中和不偏難其人耶諸
士觀記前言往行必有概於中矣其悉
心折衷之以觀適用之志
問史遷傳貨殖有言善者因之其次利之
其次教誨之其次整齊之下者與之爭
豈卽所謂恥論否大學言生財有大道
而其制用之法莫備於周官後世卒鮮
能用豈誠古今異宜歟乃若管仲九府
計然七策弘羊心計劉晏利權之四子

者非嘗師古也而各擅其術皆足以濟
國用豈亦有可采歟說者又謂漢唐賦
分三等名與夏周同而公私迥異宋元
賦各三變名與漢唐異而虛耗卒同其
故可得詳歟今天下民力竭矣主計者
借籌方殷顧屯鹽重使遣而中輟錢楮
大議試之不終得無有所難歟然越此
則謀臣束手也夫足國惠民時艱孔棘
藉令授諸子策使佐大司農將安施而

上下兼利乎其熟計之
問殷伐鬼方漢通夜郎牂牁封羅甸故蹟
竝在貴域中顧殷能克而不能臣漢稍
置吏王其長卒不可使內親曁我
皇祖大統初集先檄靄翠宋欽率所部夷歸附
尋遣將發中國諸路兵誅其酋之後至
者因留戍之已設行省官屬彈壓之古
未有也自文物稍興而兵籍漸耗夷復
有何釁動者凡三釐

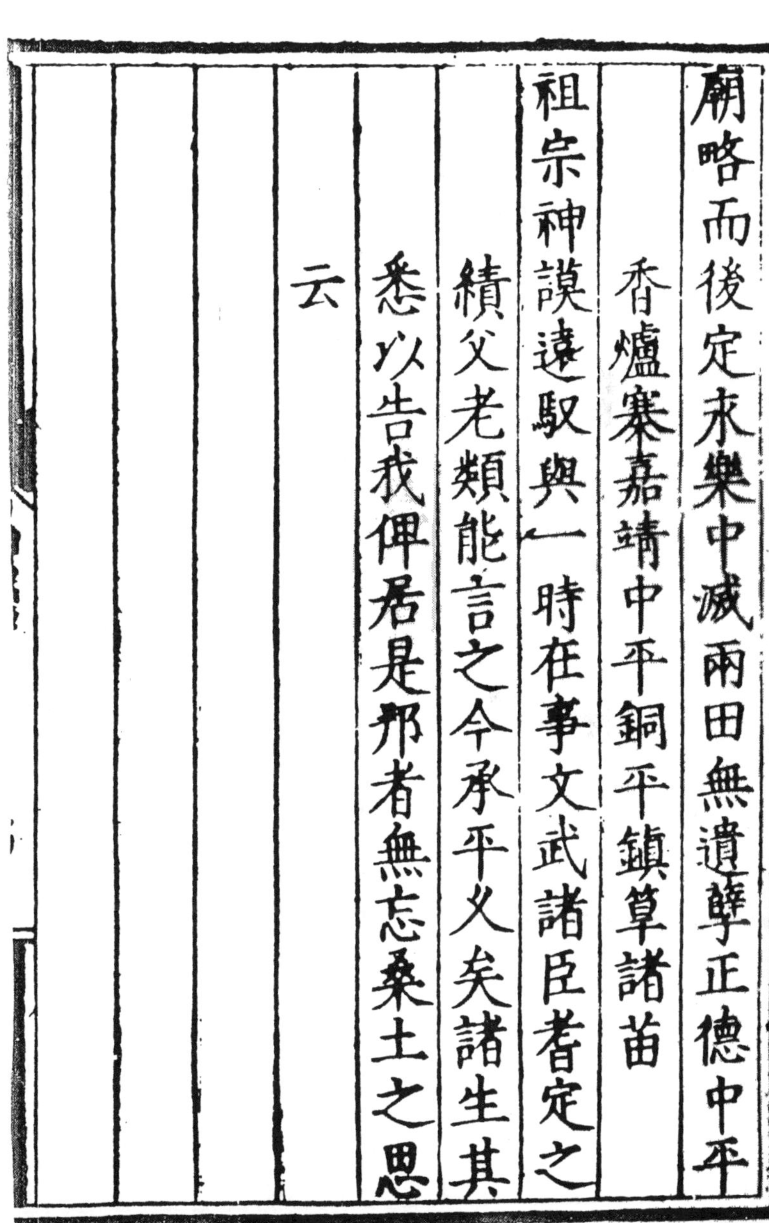

廟略而後定永樂中滅兩田無遺孽正德中平
香爐寨嘉靖中平銅平鎮草諸苗
祖宗神謨遠馭與一時在事文武諸臣耆定之
績父老類能言之今承平久矣諸生其
悉以告我俾居是邦者無忘桑土之思
云

中式舉人三十名

第一名姚允升　新淦衛學生　易

第二名張九苞　普定衛學增廣生　詩

第三名錢繼魁　鎮遠府學生　春秋

第四名江大巘　貴陽府學生　書

第五名張國棟　思南府學生　禮記

第六名蔣鎮楚　永從縣學增廣生　易

第七名燕祖召　平溪衛學生　詩

第八名李承露　貴州宣慰司學生　易

第九名梅惟詩　普定衛學附學生　詩

第十名邵以道　普安州學生　春秋

第十一名孫杰　普定衛學生　書

第十二名黃應旌　貴陽府學附學生　易

第十三名張文光　永從縣監生　詩

第十四名顧閎　清平衛監生　易

第十五名洪鐙　普定衛監生　詩

第十六名孫枝華　貴陽府學附學生　禮記

第十七名劉學易　貴州宣慰司學生　易

第十八名葛憲　永寧宣撫司學生　詩

第十九名陳英產　銅仁府學生　易

第二十名孫應軫　清平衛學增廣生　書

第二十一名李晴　貴州宣慰司學生　詩

第二十二名邵以仁　普安州學生　春秋

第二十三名藏天言　龍里衛學生　詩

第二十四名孫世禎　清平衛學增廣生　易

第二十五名顧信　普定衛學附學生　書

第二十六名史讓　新添衛學生　詩

第二十七名李逢盛　貴州宣慰司學附學生　易

第二十八名朱良臣　貴州宣慰司學生　詩

第二十九名董以道　普定衛學增廣生　禮記

第三十名龍起春　黎平府學生　書

第壹場

四書

子貢曰如有博施於民而能濟衆何如可謂仁乎子曰何事於仁必也聖乎

姚尤升

同考試官教諭王　批　題本平易而措詞[illegible][illegible]此作發仁聖之旨脫去陳套說理精切如有心得者允宜高薦

考試官教授施　批　有體裁有思致

考試官教授周　批　醇雅切當

賢者以徧愛爲仁聖人甚言其求之過也夫博施濟衆聖人事也賢者以是求仁過矣宜夫子抑而進之歟想子貢問仁之意若曰仁主於愛而施不博者其心私愛欲其周而濟不衆者其澤隘斯固不足語仁矣乃若惠澤覃敷無一民不受其賜德施廣被無一物不戴其恩若此者何如吾意舉斯心以加諸衆庶能濟其一視之公合天下而圍諸心未嘗隘其容保之量可謂之仁否乎此其志在於遠且難而不知所以爲

仁也夫子因而抑之曰子之言仁亦過矣彼仁道雖大求之不外於此心仁心無窮推之未必其盡究故心有所存勿問其施之博與否皆可以言仁也至欲道濟羣生而無外仁者豈其然乎心有所愛勿問其濟之衆與否亦可以言仁也至欲德加四海而無遺仁可若是幾乎必也聖人生知安行全體乎仁道之極存神過化莫測其廣運之端以施則博一天地之無不覆載也其聖人之極功則然乎執此以求仁吾懼仁

之難成矣以濟則衆一覆載之無不生成也其聖人之大業則然乎必此而後仁吾懼天下徼仁人矣夫仁之不可以過求若此賜也盍亦反諸其心乎雖然賜之志則大矣以堯舜之所難者毅然任諸其身其在多識之後而聞一貫之前乎夫子慮其大而無當故以求仁之方約之夫近取即忠恕也一貫之微言也後世兼愛如墨博愛如韓去仁其益遠乎

悠遠則博厚博厚則高明博厚所以載物

也高明所以覆物也悠久所以成物也

張九苞

同考試官教諭程　批

至誠功業矣最難發揮作者[illegible]
[illegible]文詞此作典雅精切宜録之以式多士

考試官教授施　批

簡潔明當無踰此篇

考試官教授周　批

詞氣老蒼而精彩射人佳士佳士

中庸推聖業之盛而因究極其用焉夫至誠之業徵於悠遠則博厚高明自相因而盛矣不與天地同其用哉中庸以至誠明天道也意謂貫

理之在人心合內外而一之者也至誠之業至於悠遠焉則是敦大以立渾厚之體永賴以垂必世之休固若是其不可窮矣而豈但已哉由是言乎其所積則廣博而不可禦焉深厚而不可測焉引之天下萬世莫非此悠遠者之充積矣何如其博厚耶言乎其所發則高大而不可踰焉光明而不可掩焉達之天下萬世莫非此博厚者之宣著矣何如其高明耶夫聖業之盛若此而用之及物也豈小補之哉但見其博厚

也非徒積之已也盡天下以淪濡之則率土由之奠麗而物無遺載者一地之無不持載焉其高明也非徒發之已也盡天下以光被之則數天由之怙冒而物無遺覆者一天之無不覆幬焉其悠久也非徒徵之已也盡天下以漸摩之則覆載由之有常而聖人之成萬民天地之成萬物又何以異哉是則曰悠遠曰博厚曰高明聖業相因之盛皆一誠之貫徹載物也覆物也成物也聖人功用之全亦一誠之綱維大哉誠

也其聖人參贊之原乎此可以觀天道矣雖然至誠亦不自知也不自知其誠故爲至誠是以德盛化神天地將賴之輔相焉而至誠之心一無所爲也有爲而爲則小補焉爾何以極德業之盛哉此子思論至誠必曰無爲曰純而其意居然矣

士何事孟子曰尚志曰何謂尚志曰仁義而已矣

錢繼魁

考試官教授施　批　發尚志之意簡切明當且詞氣
儁采宜冠多士
考試官教授周　批　得志自負之意
大賢因問而言士先志亦脩其在我者而已蓋
仁義我固有之者也士志於此而其所脩亦大
矣可謂之無事乎王子墊不知而問曰世固有
以專職爲事者亦有以專業爲事者皆吾所知
也惟士處其間進退雖綽乎其有餘而名實則
未加於上下不知何所事事乎此其間雖在士

而寓意於孟子亦微矣故答之曰世固有以有事爲事者亦有以無事爲事者非爾所知也故夫士尚其志豫養於一心之微而卓立乎一世之大何謂無所事事乎此其答雖在士而自任於天下亦重矣然特引其端也而墊猶未知其實故復有何謂之問焉孟子又告之曰士之所尚無他仁義而已矣蓋仁義雖達之天下惟士爲能志之有專職者非其得爲也而隱居所求不外乎立人之道有專業者非其屑爲也而窮

居所養獨先於盡性之功志於仁則所尚在仁由不忍之心而達之仁不可勝用焉固其學術之不苟也而事孰有大於此者乎志於義則所尚在義由不爲之心而達之義不可勝用焉固其期待之非常也而事孰有要於此者乎吁士以仁義之志而處功利之時欲其相遇難矣墊何足異哉夫墊齊人也齊之君知有桓文其臣知有管晏而已彼方以其赫然震世者爲可尚墊又奚樂乎談仁義哉孟子非不知其道之不

行猶欲就其假仁假義者而導之反其真也顧卒不遇焉孟子之志憫矣

易

脩辭立其誠所以居業也

姚允升

同考試官教諭王　批　發明立誠居業之旨精透[illegible]

之

考試官教授施　批　詞意暢達易義之最精者

考試官教授周　批　精深

文言論脩業之本於其言有物者得之也蓋言
者言乎行者也言有物而行成矣非所以居業
乎且九三君子胥以忠信進德矣至於業之脩
也亦豈外是忠信哉蓋辭發於外而心寔宰之
忠信主於心而辭寔宣之其機本相因也人惟
易其言而誠無所立是以隳其行而業無可居
耳茲必本其主忠之念而言不妄發期以敦乎
實踐之基根諸體信之心而發必由衷務以豫
其躬行之理不徒恃其心之無僞也而出身以

加民者尤必致詳審焉樞機之發慥慥乎實德之不容祕矣不徒恃其心之不欺也而由中以應外者尤必加敬慎焉話言之彰肫肫乎實理之不可易矣若是非所以居業而何吾知辭以誠脩則有物必有恒而實踐之基益固誠以辭立則可大亦可久而躬行之理益安外無虛辭而內無二志即其心之所自信者而持循之百爲於是乎有成績矣孰謂脩詞爲末務而業不由是以廣乎口無擇言而身無惰行即其理之

所豫立者而依據之終身於是乎無易方矣孰謂立誠爲細行而業不由是以居乎觀於業之所由居而知誠之不可已也九三之乾乾夕惕有以哉要之德業無二理進脩無二術一誠而已矣誠存於中爲德是故惟忠信進之誠著於外爲業是故惟立誠居之彼其偶合之行襲取之功皆非所以語進脩之實也學易者其愼之

制而用之謂之法利用出入民咸用之謂之神是故易有太極是生兩儀兩儀生

四象四象生八卦

蔣鎮楚

同考試官教諭王　批　闡明蓍龜易卦體用一原之意

詞不費而理自足

考試官教授施　批　明暢可取

考試官教授周　批　詞理俱到

大傳推卜筮之用而原卦畫所由生見自然之妙也夫卜筮以達易之用卦畫以立易之體皆自然之妙也豈聖人私智爲之哉大傳專言卜

筮至此意謂夫易何爲者也有卜筮之用以冒
天下之道者也而其用之行也何如哉彼造化
闢神物之先而蓍龜生於其間矣於是聖人本
其員神之德而制之爲卜筮之用則脩道之教
有以垂範于不窮凡天地所以洩數法之精者
皆咸能於聖人矣不謂之法而何由是斯民因
其出入之利而咸用於外內之間則鼓舞之機
有以宜民於不倦凡聖人所以示神道之教者
皆與能於百姓矣不謂之神而何夫法雖制於

聖人聖人不知也用雖神於天下天下不知也一自然之妙而已卜筮以達易之用也有如此有卦畫之體以通神明之德者也而其體之立也何如哉是故易者動靜所乘之機而太極綱維于其間矣由是動靜分而剛柔判固兩儀之所由生焉不但已也剛柔之相摩則太少之迭見四象不生於兩儀乎一者神而兩者化固四象之所由生矣不但已也陰陽之合德則體質之成列八卦不生於四象乎夫由兩而四太極

之爲兩爲四也由四而八太極之爲四爲八也一自然之序而已卦畫以立易之體也有如此吁此易理之自然也豈聖人所强爲哉抑論太極即神也自其主宰則謂之太極自其妙用則謂之神豈二致哉故曰無極而太極一神之所爲也學易者求太極於吾心而不徒滯於易畫則一以貫之矣神而明之存乎其人信夫

書

祗承于帝曰后克艱厥后臣克艱厥臣

江大順

理明詞暢深得大禹陳謨之意

考試官教授施　批

頗有自得者

考試官教授周　批

說虞廷儆戒之旨甚悉

大臣敬陳其謨惟欲君臣交脩而已蓋君臣萬化之原其道固不易也大臣陳謨而首及此焉其望治無窮之心乎且夫天下之治成之固甚難保之亦不易吾觀大禹文命四敷治功固已成矣然猶以治者亂所倚不可無保泰之功也

于是體舜望治之心而矢其謨以敬應之不替夫規諫之忠焉安者危所伏不可無保邦之慮也于是仰舜好問之意而陳其謨以敬承之益敦夫納誨之益焉蓋不以治化之已敷爲可恃而惟以成功之難保爲可虞禹之心固無異於舜之心者矣故其言曰天下之治主之者君輔之者臣其責均爲至難也故爲君者當此治定功成之時毋遂以怠心乘之也其必思天位之惟艱而憂勤以勵其志念萬幾之至重而兢業

以致其防凡所以圖維于上以爲立政安民之本者孜孜然無一時之少懈可也而臣之欽若者不有所倡耶爲臣者當此地平天成之世毋遂以慢心視之也其必以職業爲難堪而寅恭之忱益篤以賛襄爲難穪而勵翼之志不遑凡所以承弼於下以爲輔政保民之助者恐恐乎無頃刻之或寍可也而君之率作者不有所承耶蓋必如是而後政乂民化之效可致文命四敷之功可保矣吁大禹責難之忠何其至哉柳

舜不自聖者也特幾之勑未嘗一日忘禹猶以克艱望之何哉豈非愛君無已之心乎然禹固克勤于邦不自滿假者也君不自聖臣不自滿同心相與卒成萬世永賴之治豈無自歟後之慕有虞之治者尚繹其君臣交儆之義哉

王左右常伯常任準人綴衣虎賁周公曰

嗚呼休茲知恤鮮哉

孫　杰

考試官教授熊　批　君德有成由任賢所致此周公

進戒意也是作獨能發之

考試官教授周　批　理明詞雅

周臣歷舉近臣之當重者大臣復申其意焉夫三宅侍御之官皆任用之當謹者也羣臣舉以為言而大臣復申其意焉其致望於賢王者深哉昔周公既贊羣臣以進戒矣乃羣臣遂咸戒于王意以立政惟在於任人任人必先於知要今以王左右之臣言之牧民之長曰常伯焉任事之公卿曰常任焉守法之有司曰準人焉是

天子之尊臣也有掌服器者曰綴衣焉有執射御者曰虎賁焉是天子之親臣也此皆任用之所當謹者王可不知所重乎是羣臣任人之戒固即周公之意而其當謹之故則猶有待而未發也於是周公嘆而言曰三宅之官不惟經綸乎治化而百僚之賢否亦因之職之尊者莫美于斯也但忽焉者恒不知所以嚴其選求其汲汲乎以得人為憂而愼簡賢才俾尊臣咸稱其職者此豈可以多見哉侍御之官不惟薫陶乎

君德而羣僕之郡正亦繫之職之親者莫美于斯也但玩焉者恒不知所以重其任求其皇皇焉慷知人之慮而旁求俊彥俾親臣各當其官者不亦鮮見其人哉夫周公旣啓羣臣以進戒之言而復深致意於知恤之難其屬望成王者何其深哉抑用人之關於治道也尚矣況繼體之君於左右近臣尤其所易忽者此周公於成王之卽政必諄諄以知恤爲言而備舉三代顯俊丕釐克知灼見之訓不一而足焉豈無意歟

興時成王訓迪百官拳拳以得人為急至曰明
王立政不惟其官惟其人其有得於周公進戒
之力云

詩

君子至止言觀其旂

張九苞

宣王中興實本應精勤發此作

同考試官教諭程　批

發揮明白儼然盛世氣象

考試官教授施　批

說得宣王憂勤惕勵之志宛然

考試官敎授周　批

詞理俱到文之佳者

周王度來朝之儀自其所見者言之也夫辨色入朝臣之度也觀其旂則朝儀辨矣人君尚可以自逸哉此詩美周王勤朝而作故述其意曰

帝王之御天下一念之勤怠天下之治忽關焉况寢興之節又臣民所視以爲章也而可自怠乎是故宵衣求理人君之盛節建旂以朝諸侯之常儀方夜之未央君子之至吾意鸞聲鏘鏘耳以言其旂尚未可觀也及夜之未艾君子之

至猶意鸞聲噦噦耳以觀其旂尚未之辨也今揆之天時漸屬向晨之候驗之物采已當辨色之時淑旂綏章五等秩矣凡表正於輿衞者式瞻侯度之孔脩龍旂十乘六服陳矣其建設於輪轅者咸仰王章之異數匪紓之敬雖未形於上交而夙夜以儼天威之近觀其旂而可知焉來章之慶雖未承於晉接而待旦以脩載見之忱觀其旂而可識焉是君子至止不惟擬之鸞聲可想像其趨朝之節而辨之旂色且警惕乎

會朝之晚矣然則昧爽視朝誠君人者之不可後也而乃安斯寢君子其謂我何吁周王勤朝之慮亦可謂深且切矣大抵天道運而不息故能成萬物君道運而有常故能理萬幾自古英君誼辟莫不以勤朝為務此雞鳴助政齊侯啓疆而夙興夜寐武公作聖在焉然則寢興豈細故哉說者謂周宣納諫脫珥自是早朝晏罷卒成中興之令主有以夫

保有厥士于以四方克定厥家

燕祖召

同考試官教諭程　批　尋繹武王任賢圖治之意且調理溫厚深得頌體

考試官教授施　批　氣格醇雅[illegible][illegible]之作

考試官教授周　批　[illegible][illegible]可嘉

聖王任賢以安天下其承天有道矣蓋天之生才為天下計也周王乂安天下以之非善承天意者乎此頌武王之功也且夫天子以四海為家而士生斯世亦未嘗不以四方為志也自人

君不能保而用之故致治之道鮮矣惟我武王應運而興多士之克生孰非用世之具也賢士應期而出擇君以効用非徒乃位之崇也於是愛養有加爰錫安攘之寄信任勿二用資夾輔之勳建侯樹屛不特敦商之旅爲然凡揚於側陋者不蔽帝臣之願而布列四國皆蕃宣之良矣胙土分茅不特蒼姬之胤爲然凡奮於思皇者獲展家相之謨而宣力四方皆干城之托矣內輔王室則尊主之猷宗社賴之以昭鴻圖岐

豐新集之統不將植之而益固耶外比京邑則
庇民之德蒼生賴之以垂燕翼鄰邢新定之鼎
不將奠之而益安耶是上帝以民爲心眷優茲
天子而綏以安民之責武王以天爲心則保有
厥士而克戡定國之功此其撫有萬邦而不替
厥命也武王之功備乎其可頌歟抑大命是用
爾功已者定矣克定厥家周復何待於士耶蓋
人才之用舍係國家之安危且我武維揚關塞
方造敢謂一人之力可以持天下乎故所賓惟

賢周以得士興播棄犂老商以失士亡則士之所係於國家豈少哉噫此可以識詩人之微矣

春秋

秋七月公會齊侯宋公陳世子款鄭世子華盟于甯毋 僖公七年

錢繼魁

考試官教授施 批 發揮忠孝之旨明透是宜錄之

考試官教授周 批 得謹嚴簡

春秋予伯主之講信以其明忠孝之義也此甯

毋之盟通貢正倫一舉而忠孝併矣春秋特書有以哉且齊桓主霸志在一匡華會與宋陳盟于甯毋而鄭世子華亦與焉君子謂是盟也可以作忠與孝者何蓋自作忠言之任土作貢天子之正賦不可缺者周自惠王以來諸侯曠職王貢不通久矣使桓也志於尊王而不務德禮以將之其何以服天下幸而有感于招攜以禮懷遠以德之謀攄忠以翼王室而一王之號令復申修禮以睦羣辟而職方之曠典再見於是

諸侯官受方物莫敢不來享為德禮不易人孰不懷較之葵丘之會申明五禁之嚴有裨於王室一也斯不可以訓忠乎蓋自作孝言之為子止孝人道之大倫不可奸者今子華請盟三族被譖人倫攸斁甚矣使桓也急於利鄭而總其罪人以臨之其何以示天下幸而有感于子父不奸守命共時之諫敦孝以令諸侯而禮信為之不愆仗義以却子華而人倫為之克正於是鄭伯恐懼請盟不復有攜貳焉德刑不忒人誰

敢後較之首止之會翼戴世子之位有益於人倫一也斯不可以訓孝乎夫是盟一舉而兼貳善固桓公主盟之功亦管仲輔導之力也春秋有取于兹盟也宜哉雖然知尊周矣而又專於圖霸知正倫矣而又終於奪嫡娶之齊桓管仲均非有志於王道者甯毋之役特假通貢之名以號召諸侯而鄭子華之拒亦慮鄭文之有辭爾聖人於此有取焉者爲世道計爾故曰仲尼之徒無道桓文之事真知言哉

冬齊高子來盟 閔公二年 夏五月宋人及

楚人平 宣公十有五年

鄧以道

考試官教諭徐 批 體正而義盡文之可式者

考試官教授周 批 善發經傳意

春秋于使臣有褒其專安國之功者有貶其專平國之功者蓋人臣以尊君命爲義也春秋於高傒子反事同而褒貶異者豈詳于義之有得失歟昔共仲稔惡魯之爲國幾不振矣高傒受

桓命以覘魯詞在兩可而遂與魯盟則專矣春秋稱子以褒之者何蓋奉使之義在境外則可專也魯以周公之亂屢罹權臣之阨僕既至魯則安魯之權非他人任矣若復請命於桓恐機會一失魯難未已將不辱君之命乎所幸僕也從義不從命違權以暑鄰鹿門城爲周公之宇克復子申立焉龜蒙之境底寧聖人與其明人臣之義得奉使之宜稱高子而不稱使謂權在高子而能善裁君命故特詞以美之也若夫申

舟啓寶楚之圍宋已不道矣子反從華元以釋
難不告于君而遂與宋平則善矣春秋稱人以
貶之者何蓋人臣之義在境内則不可專也宋
以先代之後頻遭荊楚之偪反在君側則平宋
之善非人臣事矣苟能請命於莊斯奏報不難
宋危自解將不成君之善乎夫何反也見善不
思歸君計功惟知有已欜盡之告示之以必信
國斃之嶄許之以必從聖人惡其專平國之功
忘人臣之義於國卿貶而稱人謂權不在子反

而乃擅專君命故微詞以貶之也此義行則遠使之當以裁命爲義近使之當以請命爲義明道不計功天下皆純臣矣雖然齊楚使臣固有得失矣然魯宋之卿亦有爲之主者魯有季友之賢自可以成高傒之美而宋華元先登子反之牀告以情實子反安得阨人于險乎雖然當時無二子則無宋矣君子又豈可深訾也哉

禮記

如此則四海之內合敬同愛矣禮者殊事

合敬者也樂者異文合愛者也禮樂之
情同故明王以相沿也

張國棟

同考試官教諭王　批　詞理典邃體格端嚴是究心於
禮樂之情而有得者宜冠本房

考試官教授施　批　莊重典雅

考試官教授周　批　是達禮樂之原者

記者廣禮樂之化而必表其情之不可易焉夫
愛敬禮樂之情也情不可易而制作因之茲四

海之所以化歟樂記之意如此蓋曰不觀功化之大無以見制作之神何以言之彼四海之內亦廣矣若難使之合也玆惟禮樂備而天地官祀事脩而神人協若此則中和之極建於一人而愛敬之心達之天下大禮之所感召肅然興退讓之風地有遠邇其敬合也大樂之所潛孚懽然起仁厚之俗分有親疎其愛同也然豈強之使然哉蓋禮以教敬經曲之事殊矣所以合其殊而同歸於大禮者一敬而已也樂以教愛

聲律之文異矣所以聯其異而同歸於大樂者一愛而已也觀於愛敬之合不可以知禮樂之情乎是情也非獨四海之所同而亦萬世之所同者也故明王制禮以飾政則合敬之情世相感而來之易焉即有所損益特其事之殊者耳不然何以使四海之合敬也哉作樂以象功則合愛之情世相守而來之改焉即有所變革特其文之異者耳不然何以使四海之同愛也哉是惟制作本諸人情故和節同於天地有志於

禮樂者可思也已記又曰知禮樂之情者能作夫人之情固禮樂之情也作者之聖豈求諸四海之廣而後得其情哉要自其愛敬之實心而通之人人無間夫固有無聲無體者先之也儒者論制禮作樂而推本於性道知言哉

廣大而靜疏達而信者宜歌大雅

孫枝華

[illegible]詞[illegible]詩歌

同考試官教諭王　批

之旨出[illegible]之士[illegible]之

考試官教授穆　批

考試官教授周　批

樂工原大雅之所宜歌亦象其德而已矣夫廣達而協於中德亦美矣歌之以大雅也固宜此師乙述所聞以答子贛若謂詩之爲教本足以感人而歌之所陳即可以觀德是故德有不齊而詩從其類豈特歌頌爲然哉今夫廣大美德也而靜爲難兹則含弘溥博之度既廓之而無所不容而靜正盈一之休又斂之而一無所擾

斯其所以爲廣大者得靜以約之不至闊略而失其歸矣疏達亦美德也而信爲難兹則疏通豁達之資旣坦然流行而不滯而忠信原愨之志又確然堅定而不移斯其所以爲疏達者得信以成之不至用智而失其實矣夫人有如是之德將安所宜歌也其惟大雅乎蓋大雅之爲詩陳王政而肅朝會者也今觀受釐之詞廓宏而深遠故惟有廣達之德者足以諧其音美哉蕩蕩乎以揚和德之休殆有詠歎之而不知其

相感之至者乎釋陳戒之旨嚴翼而莊和故惟有靜信之誠者足以比其節美哉淵淵乎以暢和衷之義殆有諷誦之而不知其相入之深者乎大雅之宜歌如此子無擇於歌也亦自觀其德而已矣嗟乎師乙豈誠賤工哉庶幾聞季子之風而觀樂知德矣古帝王脩德之助取諸工瞽誦詩有以夫郎師曠以樂諷平公師經以琴諫文侯其亦乙之流也然則士君子脩其德以輔君德盍能自處師乙後乎

第貳場

論

天道至大至正

李承霈

同考試官教諭王　批

天道正大作者鮮能言之此篇獨探根極精奧發揮王者奉若之旨剴切明盡且筆力雄健古雅淵宏脫去時格學識兼到之士也

考試官教授施　批

理趣淵涵氣格雄渾佳士也

考試官教授周　批

意高詞古

天何心哉王者以無心應天而天下治矣夫王者受命於天而爲天下臣民主非竭心思以圖之疑不足以承天道而總萬幾也乃天之示人固自有不易之理聖人順其理以建德施事運行而不積包含而不偏操縱弛張而不過茲其爲道甚簡而於萬事萬物之情一無所拂故謂心思之竭竭於理而已矣如欲役其心以從天下之欲則智必有所僨而澤必有所窮以是應天將無天之育物能物物而造化之耶是故普

萬物而無心天之常也順萬事而無情聖人之常也惟常則不可易不可易則不得以私心攖之此至大至正之旨儒者蓋善言天而王人者之所當奉若也今夫天混混乎不可窺也浩浩乎不可際也而亦昭昭乎不可掩也初何心哉所以宰之者其道至大至正也是故無不覆幬也而亦無私覆幬無不照臨也而亦無私照臨無不潤澤也而亦無私潤澤無不運行也而亦無私運行無不震動發生也而亦無私震動發

生是何其大且正也在易曰乾元亨利貞夫乾天道也亦君道也元亨利貞則理之大且正而不可易焉者也王者繼天而為之子居天位以治天民又豈能外天而自為其道乎故曰君之所敬者天也天之所愛者民也因天之所愛而愛焉無一人不愛而亦不必人用其愛家撫摩而戶衣食之豈其精神智慮足任哉操之固自有要而正大之理則天之所以示我而我之所不能違也是故其尊天也而覆幬亦無私也其

明日月也而照臨亦無私也其令四時也而運行亦無私也其恩雨露也而潤澤亦無私也其威雷霆也而震動發生亦無私也以理萬物之宜而不戕其性以通萬民之欲而不奪其眞正大之理如是而吾不得以私心與之與以私心即有不得其正者非正即非大而與天不相似也是故居青陽則布德施惠而親農桑發倉廩安萌芽養幼少王者之元也非有心於生物而物無不生居明堂則行爵出祿而斷薄刑出輕

繫行水利美土疆王者之亨也非有心於長物而物無不長居總章則厲兵禁暴脩法制平權衡繕囹圄備水潦王者之利也非有心於遂物而物無不遂居玄堂則閉關斂賄坏城郭固封疆備邊竟完要塞王者之貞也非有心於藏物而物無不藏不但已也因朝日以脩陽政習地德因夕月以治陰教度天刑若是乎歲無暇日日無暇息則恫念念敬天時時勤民將役心思耳目之力以從之雖臣虜之勞不過焉而勢亦

必有所不及無益於天下而徒以自疲也故曰環堵之外目有所不及見十里之外耳有所不及聞百里之外心有所不及思故夫不執其要而待目以爲明非不欺之術也不因其勢而待耳以爲聰非不欺之法也不達其機而役心思以爲智非不易之道也王者安所容心哉四德之運順布之而已非有所強也十二辰之周順應之而已非有所擾也何也天無心王者亦無心也天不息王者亦不息也正大之理如是而

吾何所庸其强且擾哉此王者之世所以政教四達德澤流衍爲能官天地府萬物儀百辟賓四夷舉含齒戴髮之民跂行蠕息之類無一不得其所以其無私而合天也雖然必有以豫養之矣左右前後罔非正人刀劒盤盂罔非明鑑瞽誦工箴士傳民語罔非聞過糾愆之助庶幾逸欲不生聲色不邇近習之言不入游田之念弗萌則居之淵默此正大也而非以無心忘天下也議之朝堂此正大也而非以有心擾天下

也二帝三王之所以隆用是道也治天下者其尚愼所養哉

表

擬吏部尚書李賢等進

大明一統志表 天順五年

姚允升

同考試官教諭王 批

體裁莊重音韻鏗鏘我

皇明一統之盛鋪張弘麗可頌可諷非但工於四六而已

考試官教授施 批

明瑩溫潤

考試官教授周　批　騈麗中有典則可式

天順五年四月十六日吏部尚書兼翰林

院學士臣李賢等伏蒙

聖恩命臣等充總裁官修

大明一統志編輯已成凡九十卷謹用繕寫裝

潢

進呈臣賢等誠惶誠恐稽首頓首

上言伏以

皇明有象兼日月以普照臨

帝統無疆握乾坤而司覆載德教沛然洋溢華夷莫不

尊親紀萬年

開創之宏規成

一代表章之盛典臣民快覩簡冊流輝藹惟寰區闢自大荒始達陰陽之變書契易於華渚肇膺河洛之祥作大輅以行四方爰興土德命正黎以序萬物協應瑤光四嶽總虞封亙古文明之會九州同禹貢乘特

荒度之功天造牧宮侯甸紀之伊訓命基
東土職方載在周官歷觀前代之幅員胥
以中天爲經緯秦分三十六郡封建之制
遂湮漢置一百三州屛藩之功鮮賴由三
分鼎跱之後及五季陸沉以來偏安之業
何常竊據之雄易處廣輪虛紀終非六合
之全書括志徒詳僅備一家之信史方輿
圓軸美哉墨士之談銅柱金儀幻矣伎門
之術即圖經之具在奚文獻之足徵肆我

昭代聿興
洪基創建
揽戈振武掃中原共憤之腥羶
定鼎修文拓前古未開之土宇峴墟綿邈赤
縣星環裨海周遭
黃圖霧集擁
二京而臨三輔宅中已壯於建瓴聯四海以
成一家懷遠尤先於揭羽椌弦檈甲包羅
分野之區漆齒雕題絡繹獻琛之國靈輸

嶽瀆統合車書贍
太祖之鴻猷經營如在啓
文皇之駿惠盛美益彰顧編摩未竟於
先朝而繼述特隆於
今日茲蓋伏遇
皇帝陛下
仁明性植
智勇天成
布德宣威自

神人之協贊

攘夷安夏每

宵旰而忘勞

三辰益表於重明六服眞同於

再造

操乾綱而獨斷

申巽命以時行

覽

祖宗圖籍之文知表裏山河之固

撫御欲存諸掌上網羅思在其目中爰
命儒臣旁梭故實提綱挈領授自
神衷考信正疑稽諸往牒首
京師而聯方岳以明居重馭輕列郡邑而繫
山川用備設官分職地形土俗參資
祕室之藏方伎仙流間采稗官之記紀人才
物產則古今巨細不遺書城署關梁則遠
邇堅瑕畢備凡玉帛梯航所自入若詩書
禮樂所由興披圖燦若珠聯展卷森如燭

照奠四維於

黼座安用巨鼇週八極於

彤宮無資神駿此

國家創業守成之明鑒殆

皇上光前振後之嘉謨也臣賢等學愧多聞才

非良史司存筆札敢言編輯之勞

制重典章竊恐校讎之誤捧緗帙而雲霞披拂

綴牙籤而象緯焜煌仰塵

清宴之觀少效

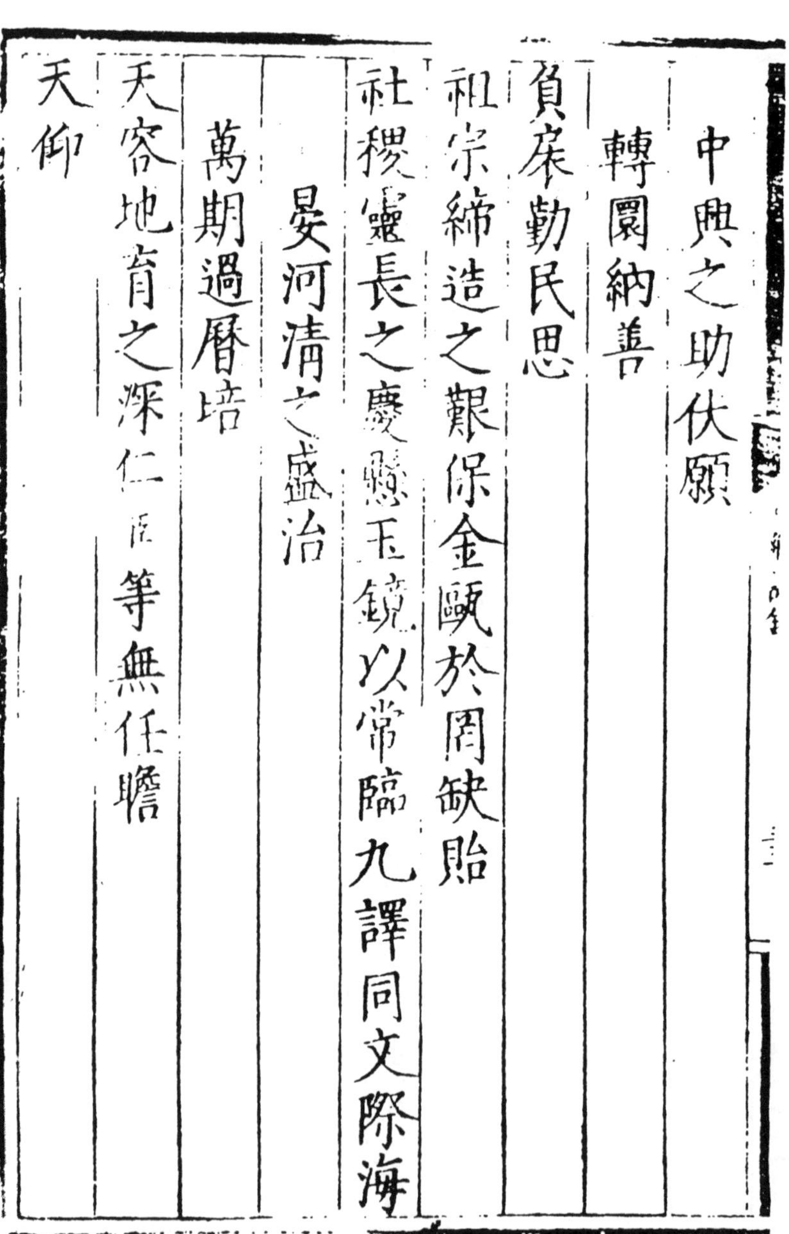
中興之助伏願
轉圜納善
負扆勤民思
祖宗締造之艱保金甌於罔缺貽
社稷靈長之慶懸玉鏡以常臨九譯同文際海
晏河清之盛治
萬期過曆培
天容地育之深仁臣等無任瞻
天仰

聖忻躍弁營之至謹奉表隨

進以

聞

第叁場

策

第一問

姚允升

同考試官教諭王　批　凡我臣子恭遇

皇上嗣統勵治之初勤於政學衷[illegible]簡問近光

列祖均切仰戴之備極揄揚末復致獻納之規尤見忠悃錄之以式多士

考試官教授施　批　敷對詳悉忠愛之意藹然見於言表

考試官教授周　批　此作鋪張宏麗末復有惓惓忠愛之懷焉錄之以式

曠古今而相感者聖心之神也合上下而交脩者世運之泰也古今本一理也鑑戒具而莫之省觀則其心有所間上下本一體也嚮意殊而莫之孚契則其運猶未隆

惟聖人者作父母萬邦君師一世天之寵異也非常而心之佑啓者無已是故泰運起而上下志同德意流而古今道合都俞吁咈之風在千百世之上而非前也訪落箴規之義在千百世之下而非後也主治者將啓心沃心是賴而不知其耳之逆也輔治者將自靖自獻是圖而不知其心之勞也玆不泰和景象肇啓唐虞三代而再見于

今日也哉愚生遠且賤無階造
闕庭一望
今皇帝龍顏而睹其
命相布德之槩乃者伏聞
采納
帝鑑勑禮臣傳之
樂善一念風動四方
交修一言神契千古則鼓舞竊歎
神聖之資不世出而治平之運日以隆矣請因

明問敬陳之在昔三代盛時師保之託至
隆儲貳之德素豫先之胎教矣而又有襁
褓童穉之法以端其蒙齒之大學矣而又
有端人正士之選以翼其善其所以毓德
而弼違者蓋不俟踐位之日業已備至矣
惟大甲成王並以幼冲嗣歷大甲有于桐
之憂卒能克終允德保湯之典刑則伊尹
之匡救之也成王有流言之疑卒能祈天
永命紹文武之謨烈則公旦之勗迪之也

此二君所以爲令主而師保之所以隆也儒者其言不誣矣今考尹之匡救非有遠引也一則曰先王肇修人紀一則曰先王懋敬厥德以至風愆之規一德之訓不過舉先王之成憲而使之自艾焉旦之勗迪非有異傳也一則曰觀文王耿光一則曰揚武王大烈以至無逸之陳豳風之述不過即文武之舊章而使之自悟焉執事所謂檢鏡之資以古爲鑑得之矣古人有言

目短於自見故以鏡觀而智短於自知故以道正己鏡無見疵之罪道無明過之愆玆鑑於道也其稱先王文武是也又曰孰當可鏡其惟士乎鏡明已也功細士明已也功大玆鑑於士也其任師保是也以翼聖功道孰大焉自漢而下難言之矣鑑戒爲文飾師保爲具官上下相媮以趨於亂雖英誼間作而交修罕聞漢之幼主莫過昭明宋之幼主仁宗爲最昭年十四得燕

書而識上官桀之詐明年十二聞吏牘而解不可問之由慧悟非不蚤也仁宗受無逸圖而施之閤書之屏以資講讀省玩志趣非不殷也然或崇名而鮮實或銳初而怠終而又輔以光之不學無術桓之稽古自矜均不足以當師保之任孫奭雖賢非尹旦流亞也而又不見親用無怪乎三朝政治遠不逮殷周矣然則殷周令王豈必性生而尹旦師保之功其可誣乎

明興二百餘年由
二祖以逮
列聖積功累仁繼志述事與天地不朽日月爭
光不啻如詩書所稱殷周之盛顧昔以
春秋鼎盛時建之猶謂之難乃
今皇上方幼冲之齡奉
神靈之統
委裘
負扆以朝羣臣百姓

聰明睿智

天實授之非殷周令主及也何論昭明哉

臨御以來槖籥萬幾宰制六合恤民隱剔官邪

與天下更始而又

虛不自用問道

經筵諮謨

講幄

親賢遠佞敦儉體仁

德意傳宣遐邇稱慶蓋

文明會合之運
宗社無疆之休也是以輔政大臣思
先帝顧命之重感
皇上知遇之隆欲當
眞純未鑿之年而將順其
法古圖治之意輯古爲鑑繪圖成書其即尹
旦遭殷周令主而虞師保之不稱乎是故
總古人得失之林明歷代興亡之故撮其
善可爲法者八十一事從陽數也惡可爲

戒者三十六事從陰數也大要在敬天法

祖納善從諫親君子遠小人而歸其本於

憂勤惕厲凡皆就

皇上資之所易辨而

意之所必嚮者導之而鑑焉而圖焉蓋取諸

此聞之漢臣曰心之精微口不能言也言

之微渺書不能盡也夫口不能言非鑑罔

託書不能盡非圖弗彰大臣用意深遠矣

此宜

皇上嘉納省覽顧問殷勤慨然發
君臣交修之旨地天交泰茲非其時乎自古君
之得臣非貳已也在用其志以弘功業予
違汝弼汝無面從是也士之得君非沽忠
也在格其心以成仁義嘉謀嘉猷入告爾
后而順之於外是也矧鑑戒師保雖
聖主不可一日廢在大臣又何敢一日不加之
意哉故夫舜禹雖聖而皐益陳謨以防危
微以遏淫逸懍懍乎不敢懈也湯武雖聖

而自滿自用之訓資諸臣誥勝怠勝欲之戒受諸丹書惺惺乎不敢易也是交修者交泰之機也而交儆者又交修之實也故曰思危必安憂亂必治謹之一念而天下受其福修之一時而萬世仰其休何也知所以交儆則君之逸欲不萌而政本端臣之恭順不怠而相道舉協氣充盈神人闓懌羣臣良於職百姓歌於塗蠻夷賓服於外固殷周盛治不足專美茲愚生所爲稱

慶而與遠人延頸待之者也至歟仰歟

聖脩之助則鑑圖備矣夫復何言

第二問

張九苞

同考試官教諭程　批　此題場中作者率多[illegible]

攷據經傳究極指歸足得聖賢述作之蘊者

考試官教授施　批　聖賢述作發揮明盡宜用錄之

考試官教授周　批　條答詳切足究心述作者

聖人爲經制以立極也作者以創其始述

者以成其終皆天也何則天生聖人厚以聰明睿知之資命爲天地人物之主則經緯以成能而創制以垂範俾萬彙由其道萬世傳其信者是聖人責也故因時立政因事置法載之典章布之宇宙凡經綸於心宣著於制以維上下之象明人倫之紀者古之聖人蓋備作矣是創始也者天也創之聖人人咸利用歷之既遠道或墜失則因革興制損益殊方補其殘闕端其譌

諺以就中庸而集大成者後聖之事也是成終也者亦天也此上古聖人繼天立極肇於經制作者既備後世有聖人出焉亦烏能加之故孔子自謂述而不作蓋後乎天而不容作也執事者豈有疑於是乎愚請槩以大道述古作者之繇則孔子之云其故可知矣夫道則大矣遠矣然三才之理實盡之故聖人之動而爲行發而爲言筆而爲書莫之能違也故有作者之聖述

者之明明聖述作其義雖殊其承乎天一
也蓋自太初始分太素萌兆鴻龐剖判清
濁異位是有天地人生其間與羣物竝人
之所見蒼莽穹窿日月出沒星辰錯列則
謂之天矣原野茫蕩或迤而高或邐而卑
則謂之地矣與草木榛榛與鹿豕狉狉錯
生其間形殊智異則謂之人矣夫天地無
言人乃中立則參兩以章其理裁成其過
輔相其不及俾三極奠位萬世永賴者不

亦存乎其人哉乃天生聖人爲立極之主以任制作之事而聖人亦不得辭故聖人之作非聖人意也天也天之所開聖人不容祕之也故自伏羲氏出天應以文章地應以龍馬然後仰觀俯察遠求近取畫卦生爻卦有三爻上爻象天下爻象地中爻象人孔子曰易者非他也三才之道也立天之道曰陰與陽立地之道曰柔與剛立人之道曰仁與義蓋所以禰天之文察地

之理撰人之紀者肇乎是矣羲之作蓋天
作之也嗣是作者以稽天則黃帝考定星
曆建立五行辨消息正閏餘蓋本大衍之
數用其四十有九以為曆始顓頊命南正
重司天以屬神北正黎司地以屬民俾既
復舊常而無相侵瀆暨堯命羲和欽若昊
天分命四仲以殷分至俾明時正度無失
天紀周則測日景會天位辨時序掌天星
守天變司日月星辰之行於是有璇璣玉

衡之在有土圭之度有氛祲之望有圓丘之祀有告朔之禮有災祥之禬凡爲天文作者備矣孔子將奚作乎以察地則黃帝畫野分州立爲萬國蓋緣星土之法衍其十有二數以正天下之封域帝嚳制九州以統萬國極四裔而紀地至蓋日月所照莫不砥屬迨堯命禹平水土益掌山澤以定其山川圻界及禹功成敘貢賦紀山海環爲九州然後地平天成而民居奠周則

建地圖辨封域觀祅祥知利害立社稷兆山川丘陵墳衍各從其方皆所以知數辨物而安擾邦國於是始於王畿迨於五服暨於四極延於四荒凡為地理作者備矣孔子將奚作乎上古之時兆黎初載未有上下而自順厥序世久生衆强弱萌害聖人不能無制作以安之故為之敘夫婦父子兄弟之倫陳君臣上下禮義之分易巢窟宮室之居制衣服飲食之度厲山林川

澤之禁斯人居其所而貴賤位矣既又爲禮樂以導之政令以宣之刑罰以一之甲兵以威之於是五典徽焉五禮庸焉九兩九貢九式之賦行焉六德六行六藝之教敷焉八刑九伐之法施焉凡其卑高等威之辨器數儀文之節罔不詳著而訓式焉其爲人文作者亦又備矣孔子將奚作乎何也經制之事前聖皆已因天而爲之至備也及周之東教化弛而風俗漓先王之

典則漸湮諸侯之陵越日甚三才之理闇
而不章孔子既不得位以行其經制而憂
道之心無所於屬乃纘述先王之法以詔
方來謂言天者易則取而贊之言地者禹
貢職方言人者書詩禮樂魯史之文則取
而刪之定之脩之曰是先王之所作也三
才之理備矣後世所當法也故闡十翼以
明易討墳典以斷書執六義以刪詩約史
記以脩春秋述職方以除九丘從周以定

禮酌韶武以定樂皆因其舊章爲之裁正其間因革損益殘闕譌謬者蓋皆酌而理之以就其中以還其初無失作者之心而明三才之道焉已矣故曰述而不作子思曰仲尼祖述堯舜憲章文武孔子敎顏子爲邦則曰行夏之時乘殷之輅服周之冕樂則韶舞蓋卽使其得位亦不復有作矣是孔子之述亦天也孔子豈自諉於作者之聖而以述自處哉天下未有聖人之經

制也則作之難經制既備則述之尤不易古之經制以伏羲黃帝顓頊帝嚳堯舜三王作之而未足以一孔子述之而有餘蓋其事雖述而功則倍於作矣嗣是則無復可作之事即有明聖亦必率由之況大賢以下何所庸其作乎故曾子述孔子之言而為大學子思則述其所傳之意以為中庸謂二書之作于二子非也孟子曰孔子作春秋者則謂其以匹夫之筆削代天子

之賞罰自孔子筆之耳孔子謂罪我者惟
春秋蓋亦慮人之以作歸已乎朱子曰脩
春秋者則謂其事則齊桓晉文其文則史
非自孔子始之也孔子謂其義則丘竊取
之蓋猶不欲顯然自附於述乎由斯而觀
則聖人之於述尚不敢以天自居也而況
於作耶魏徵志藝文乃信漢人之妄推七
經緯附爲孔子所作固已失之誣矣荀卿
傳子夏之學祖述六經若足爲孔子徒矣

而謂人性惡其失也擇焉而不精劉歆卒父之業校定諸經宜爲孔子忠臣矣而惟具六藝略其失也語焉而不詳蓋皆荀於述而無裨於作矣然比而論之則曾子子思所述不同不同於六經之羽翼也荀卿劉歆魏徵所述不同同於六經之贅疣也荀卿之後流爲李斯燔書之虐使聖人之述作幾泯而三才之理且晦蘇洵謂卿之異論有以啓之是悖儒也奚足以議於述作

之林哉雖然六經者非孔氏之書伏羲黃帝顓頊帝嚳堯舜三王之書而三才之道也豈因是而遂毀哉藏於孔壁存於博士六經之毀而復存又天也至孝武建策藏書置官寫之成帝遣使求遺書開天祿閣以校之諸儒輩出遺經寖明雖簡編之或逸訓詁之或左其所爲述孔子之述以求無泯於先聖之經制而昭三才之理者不可謂無功矣劉向乃謂秦人燔書而書存

漢儒窮經而經絕殆亦過乎後世儒者相沿為口實而詆之卽使伏生轅固田喜申培高堂胡毋生之徒不出董仲舒公孫弘孔安國不嗣諸子之文不傳則講論廢而儒業衰漆書竹簡之所編載其能久遠不耶是故倡啓微學闡發道緒使六經之道晦而復明三才之理已久而不著夫固有所因也歷唐及宋羣儒極采輯之功窮研究之力俾六經復為成書敎天下後世無

竊者緣漢說也故曰六經之存亦天也噫

孔子述古之聖人漢儒則述孔子後人乃

述漢儒爾師其所是而非其所誤竊爲諸

儒不取焉敢因明問而併及之

第三問

孫杰

考試官教授施　批　子於書皆自做編析表明當每

之

考試官教授周　批　吾爲難確僅見此篇

君子之服官也有要知其要而持守之從政之道裕矣何則君子之入官也固將本之身以施諸政非徒用其才已也是故其道雖不止於一端而其要則不出於三事執三者以效之官則本植而其用自周守定而其施自裕以此立身可以昭慎脩之範以此行政可以宏亮采之基而凡經世宰物之猷投艱濟變之術出若運樞解若游刃皆不外是以操縱之故能崇名實於

上下垂聲光於無窮也否則恃之無具推之不達大節一虧而百行瓦裂雖日志於旂常竹帛卒未有能就者此淸愼勤三事所以爲當官之至要而從仕者之所不能違也謹因明問備陳之竊聞虞周盛時敎化隆洽士懷君子之行官有讓德之風其登庸於廟堂而宣力於四方者不過曰師師濟濟克艱厥臣而已矣曰夙夜匪懈俾力王家而已矣故當其時有精白一心之

操而不以清名有勵翼小心之志而不以愼名有蹇蹇匪躬之勞而不以勤名卽官箴之名未之立也庸知有三事之當守乎自淳朴既還而羔羊素絲之節拔葵戴星之風不多見于天下于是乎有簠簋不飭者矣而廉約者始彰其介有跰跑踰度者矣而謹恪者始顯其共有叢脞掃尤者矣而勵精者始耀其能而曰淸曰愼曰勤之名于斯立矣故著官箴者直以三事槩之

而世之言入官者乃遂宗之而不變嗟夫委質事人宣猷效節孰非官守經營四方展采敷庸孰非政事藻飾治教煦被蒸氓孰非功業乃獨以三事爲當官不可缺此豈以其餘盡非所急哉毋亦以此爲立身行政之最要而不可緩者乎自今言之苞苴伺隙自持靡堅得無蕩吾好脩之志乎非清其安能固之事無鉅細防檢或踈得無隳於恪恭之義乎非慎其安能持之萬

變紛沓綜理或稽得無歉於明作之勳乎非勤其安能辦之故清一立則利欲交而志可不搖矣慎一立則思慮專而守可常定矣勤一立則精神奮而事可奏功矣官守由此可盡政事由此可達功業由此可弘信乎服官者當視爲攻病之鍼石而不可一日忽者也兩漢而下以循吏著名而可幾於清慎勤者姑未暇論矣若趙善璙氏所集自警編則皆宋臣政行之大雖不

專爲官箴而訓然其間治蹟之允合於三
事者得無有可言乎是故居大理而值頒
祖吉之賕此志士之所甚非也向敏中獨
不拜賜乃引鍾離意以見志焉其所以來
太宗之褒賞者良以其守之定耳若夫更
歷五州廉約益礪晚居眞楊幾不自給呂
希哲之清白是能無替其家聲者也𥳑明
刑而畝有職田之租此廉夫之所深避也
陳瓘固遜不取乃付官廪以自潔焉其所

以折蔡卞之邪謀者良以其志之堅耳若夫兩抵蜀郡獨秉節操琴鶴之外一無所需趙抃之行履是真內省而不疚者也力自規檢庶幾寡過者非畢士安乎其恪謹之心蓋深有得於飭躬之義若富弼以耄年而猶書守口如瓶之戒以資顧諟何其自治之勤哉居位慎密素稱清謹者非李昉乎其操心之恪蓋無忝於臣職之共若范育居官而悉置行箱於廳事以防疑謗

何其謹畏之至哉范仲淹每夜就寢必計
一日所爲之事未慊于心即不敢安眠所
以業其官者何汲汲也乃呂公著之典劇
郡則五鼓視牘恒以黎明出治民事雖終
身不少替焉則其兢業之心亦奚異哉韓
琦曉守鄉郡雖盛暑涖事汗出浹背而不
以爲勞所以勤于民者何惓惓也乃歐陽
脩之居夷陵則日取陳年公案反覆觀之
且謂自此於事不敢忽焉則其惕勵之心

亦何殊哉夫此數公者就其一事而言之則向敏中也陳瓘也呂希哲趙抃也其守可謂清矣然而不止於清也畢士安也富弼也李昉范育也其行可謂慎矣然而不止於慎也范仲淹也韓琦也呂公著歐陽脩也其政可謂勤矣然而不止於勤也之數子者固皆有宋一時名臣而或為百代殊絕人物故其蘊之則為道德守之則為節槩措之則為事功其行不毌於一偏而

才足辦天下之大事其志不囿於流俗而道足垂一代之典刑固有兼清慎勤之德而時出之不匱易地而皆然者矣彼清矣而或遺夫慎慎矣而或歉于勤者非但不足以望數子之芳躅而亦豈所以言當官之全德哉是故布被礪節者稱清操矣而甘以臥虎立號慎之不足也治最馮翊者稱勤政矣而竟以奢僭取敗清之不足也名齊俊及者稱節士矣而乃以坐嘯取譏

勤之不足也則信乎全德之不多見而有志於服官者其於三事誠不可有一之或缺也要之清可也而矯情以取名不可也慎可也而畏懼以持祿不可也勤可也而歛精以失大體不可也故解任留犢若聘茵非不可以勵無求之操也而其失也激清而不足爲訓也醇謹備位若石慶柞不可以取小心之譽也而其失也靡慎而不足爲訓也乃若孔明躬校簿書巨細親決

則其忠國之忘時勢有不能已然雖謝楊顯之諫終不能不垂泣而思其言豈非以其明於大體哉以是而知服官者旣有兼體不遺之要而亦有參和不偏之道誠持三事於不變而又善其用於不偏焉則以其素定之守而運天下之才以其立本之豫而致天下之用由之應變宰物由之經綸康濟以成亮采浚明之治績以建尊主正俗之弘功言乎立身而大節無虧言乎

行政而大業斯偉即宋臣治行且逾而上
之而黴也靡也勞也又奚足以病之哉若
是而何黍於官箴之訓又何歉於昔人自
儆之義哉雖然三事要矣然心其本乎學
其尤急乎心有未純則才不與識合所謂
清慎勤者皆苟道已而學有未至又何所
賴以純其心故不事心務學而曰吾能守
三事以從政此俗吏之尤者也非承學之
所敢與也

第四問

錢繼魁

考試官教授施　批　揆引切當的議平正

考試官教授周　批　古今理財之法此作盡之

今天下大計稱當事所最急者莫如理財而難之又難者亦莫如理財凡理之難非獨理其所自生難也而理其所自耗尤難也蓋財所自生常在下而其所自耗常在上在下者法之所得行而不可盡故理其

所自生難也在上者言之所易諱而勞又必不可已故理其自耗尤難也執事發大難以策書生豈無意乎顧書生業佔伻丞

聞

廟堂之欲議姑以所嘗過計者請質焉竊聞聖人在上而民不凍餒非能耕而食之織而衣之也爲開其資財之道也故自耒耜未作而禮教已行上下貴賤有制不得相踰於是辨土地之宜興藝畜之利育之以時

而用之以度山澤侯隧厲有常禁順時宣
氣蕃阜庶物然後四民各勤其業通功易
利非有徵發期會而遠近咸足是以斂寡
而事節財裕而不爭大學所稱生財有大
道其槩之矣周官大宰以九賦斂財賄曰
入之有度太府以九式節財用曰出之有
經法至備矣及夫上侈下僭奢靡成風法
禁陵夷廉恥相喪貨賄衰耗中外罷弊以
至入物補官出貲贖罪傷民鬻制而棄本

俠賈犯害而攘利巨貲殫財臣虜其邑屋力敵千乘之權而不佐公家之急貧者曾不得完褐啜菽托足蓬蒿愁怨無聊亡匿爲盜嗟乎其所由來豈一朝一夕之故哉此衰世之敝政忠智之士所嘗扼腕而痛哭者史遷乃謂聲色口味之欲逸樂勢能之榮漸俗已久不可戶喻以眇論其有慨乎言之哉至謂善者因之其次利道之其次整齊之最下者與之爭則漢以來不易

之論也蓋因俗利道之風自三代之末已
微矣其後富國之臣實借整齊之名而與
民爭利史稱齊中衰管仲設輕重九府而
佐桓公夫九府錢法也佐魚鹽之不給者
也其言曰歲有凶穰故穀有貴賤穀有貴
賤故物有輕重斂其所有餘散其所不足
使藏繈委積而國用取贍焉故能富區區
之齊而以其君霸范蠡曰計然之策七越
用其五已得意於國夫七策心算也其言

曰知關則脩備時用則知物得萬貨之情裁積著之理務物無息幣貨無留居貴出如糞土賤取如珠玉使財幣之行若流水然故能富越而報會稽之讎然皆一國計施之天下則蠡也大較測輕重以時斂散乘貴賤以詭出入持其毋而責子於四鄰操其權以綢息於萬貨雖濟一時之急而病本者什三病末者什五矣蓋整齊之也不已近於爭乎在漢桑弘羊以心計領大

農幹鹽鐵助賦置均輸平準法盡籠天下之貨於官貴則買之賤則賣之蓋竊討然之術而重之者也是時文景之藏已竭孝武末厭其侈心歲費累數十百萬仰給大農大農未嘗告乏可謂能矣在唐劉晏以十五道為利權大者寬予鹽商之資以收鹽利厚處漕艘之費以收漕實而又權食貨之輕重以柳騰踴度歲時之豐歉以均糴糶蓋用管仲之智而廣之者也是時肅

代戶口寖耗邊費無經太府曾無朞月之
計取給劉晏劉晏未嘗稱缺亦可謂難矣
然劉晏愛民好用廉勤吏非賈人子比也
要之算無遺筴括無奇贏剔錙銖以補漏
孔塞川源以爲潰洿蓋筭之也安在其整
齊耶然猶有說方國用岌岌不支而責以
不行周官譬則以結繩之約而理亂秦之
緒揭干戚之舞而解平城之危無濟必矣
四臣豈盡不師古哉此論於常賦之外者

也以常賦言之夏商有三等曰賦曰貢曰篚從其土之所輸而名焉其實則五十而貢七十而助盡之矣周有三等曰地官曰載師曰太府從其官之所掌而名焉其實則鄉遂用貢都鄙用助盡之矣漢初以三等制賦或五十稅一或三十稅一或二十稅一而武宣以後遞增高文之良法蕩然矣唐以三等制賦有田則有租有戶則有調有身則有庸而玄肅以後日壞太宗之

美意索然矣宋賦在太祖時最輕自王安石以言利入相遂以新法變之洎于南遷則金帛歲倍而民力盡矣元賦在藝祖時最輕自阿合焉以聚斂見寵遂以雜稅變之洎乎末運則無名蝟出而國事去矣夫漢唐不能復三代之隆宋元同歸於漢唐之失勿論矣歷觀前代國用無不由儉而趨奢國賦無不由輕而趨重國勢無不由盛而趨弱奢之奢則多事不得不重賦重

賦則民貧不能不弱國語云焚山而田明
年無獸矣竭澤而漁明年無鱗矣此豈待
智者而寒心乎我
國家全盛之勢紀綱法度二百年如一日方
軼三代過之顧獨理財難言耳夫民賦已
重物力已歷四臣而在復何所加此執事
之所辦也往年遣中執法分道修鹽屯之
政旋以閉中所入不償報罷已集衆議鑄
錢行鈔旋以毋金不繼中止其難如是愚

意在得心計臣專任之委帑金數十萬聽便宜勿問出入卽又不使臺省臣中制之行之十年而利不興未之有也今一有所難而輟矣昔客有召醫跔治背者曰此非吾背也任汝制之於是跔得盡其術而各之背安夫國猶身也未有所委而遽責其不效豈長慮哉愚故曰理其所自生難也

今夫

天府之積竭於

朝廷之繁供大農之儲匱於九邊之歲計司空水衡諸緡錢涸於三殿之鼎創而東南財賦又以兩浙八閩五嶺之寇餉兵且盡頃復大治河決而徐兗豐沛間民無息踵又創開海運空吳楚江淮諸帑以治艘四方嗷嗷朝不及夕矣乃宗藩廣衍膩祿猶難於取盈戍士踐更賫糧日見其坐困曾變通以濟之乎金吾之員過冗糜祿非必以報功大官之役滋多廩

名未必皆司膳曾覈實以裁之乎至於宴
賞太豐
內謁日盛諸供億之需視
祖宗舊式倍踰什伯千萬則皆
先朝往事而舉世所諱言者也聞之江河之潰
從螘穴也山嶽之頹從小隨也今其勢不
止小隨螘穴矣謀臣策士言猶觸吻而止
將安所善其後乎愚故曰理其所自耗尤
難也今幸

9750

天啓
聖皇冲虛節愛自
玉食乘輿以至匪頒好用莫不有經此
國家富庶之一機也愚謂宜及此時請以
祖宗舊式昭揭
殿庭曉然示天下以崇儉復古之意監漢唐
宋元之侈轍講寬租省用之遺規而後諮
求長計厲禁侈風使野無惰農朝無冗食
而司計大臣得以畢智運籌建萬世之利

必

皇上所樂聞也即左右不以爲便謂天下大計

何任座有言主聖則臣直今可以直矣狂

生之言無當於事實惟執事進退之

第五問

張國棟

同考試官教諭王　批

陳時務者類多剿襲陳言此作能敷陳

祖宗神謨遠猷與諸臣耆定之蹟誠通達國體者謂之俊傑非耶

考試官教授施　批　書生談當世務甚悉非徒
文者

考試官教授周　批　敷陳詳明切中機宜具經濟之識
具見

執事發策以貴州往蹟暨我
聖祖開拓之駿烈
列聖經略之鴻猷下詢承學無廢講草茅之士
有懷
廟堂之慮者乎而愚非其人也然食其土之毛

而莫訾其所自與日用不知者等耳列桑
土之計未嘗一日忘情乎請樵拾所聞以
對粵稽伐貴筑葢古荒服地在唐虞爲負
固之三苗帝舜舞干羽而七旬來格其化
神矣然但格之也而未嘗籍其地在商爲
無道之鬼方高宗用征伐三年而後克其
功懋矣然但克之也而未能臣其人周爲
靡莫之屬而已秦爲黔中之地而已至漢
武帝因定南越之威而平南夷爲牂牁郡

諸葛亮因檎孟獲之績而封火濟為羅甸
國稍能臣屬矣而卒不可使內親唐柘其
地為思夷播眞等州屬黔中道元置其境
為八番順元路及金竹府稍置官吏矣而
卒叛服不常焉豈非以其地之遐遠而僅
用羈縻之治乎固未有用中國之治治之
如
今日之盛者也洪惟我
太祖高皇帝聖武龍飛混一區夏大統既集四

夷來王故檄書所臨靄翠等即率部來歸而分隸三省之制啓矣及督鎮既易奢香等即刊山除道而達蜀九驛之路闢矣其誅後至也則命將周德興傅友德等討平五溪麻哈及普定諸處而酋魁讋服其湯遺孽也則命將吳復顧成等屢征烏蒙水西及平州諸蠻而反側底平於是留征南將士以戍守之而衛署遂列置焉此其

神武之布昭

天威之震蕩有以汛掃百蠻耀靈千古仲虞殷之所不及臣而邁漢唐之所不能服者矣猗歟盛哉我

太祖開拓之烈眞曠古所未見者哉暨我

成祖文皇帝英略雄圖遠馭萬里淵謀睿算振落諸夷如因田琛田宗鼎之構怨

命行人蔣廷瓚往勘之不解乃遣數校密執二酋於

京師磔之而餘黨帖然此以一介之使而勝

於三軍之旅也於是改宗鼎之地為思南府琛地為思州府置以守臣而任土作貢服儒役與甸服同此以衣裳之化而變其鱗介之陋也不但已也繇此而樹藩翰則置布政使司而領一宣慰司八府十二州縣之官治也繇此而建與防則置都指揮使司而領十八衛二守禦所之官戍也綱紀文物之具比於諸省此其

神謨之遠覽經制之咸宜有以變化華夷使定

一統蓋不俟商宗之遠伐而大於虞廷之
來格矣猗歟盛哉我
成祖經略之猷亦曠古而罕見者哉自文物興
而武備弛列戍久而耗籍多蓋又有不能
不虞
廟略者故正德中則有清平香爐山之苗寨焉
武宗毅皇帝行撫臣之奏
命都御史鄒文盛集三省之兵剿平之猷識至
于五百有奇固一時之偉績也嘉靖中又

有銅平鎮筸之苗變焉

世宗肅皇帝因撫議之誤移都御史張岳督石邦憲總兵討之俘斬至二千有奇亦奕代之奇功也於戲自貴之開設于今蓋二百餘載而我

祖宗肇造之規戡定之澤巍然與黔山峙沛然與牂水流愚也竊伏遐陬席其安而享其

賜上濟

祖宗列聖之庥而因及文武諸臣之績所以頌

述其功而咏思其德者蓋獨儒生輩而已耶雖然承平者懈弛之因也恢闊者釁萌之漸也自今觀之伏莽據岨者或爲凍餒之所驅而偶肆其鼠竊鄰豁比峒者或爲私怨之所構而閒逞其狠侵蓋誅之不足以煩軍旅之興寬之或以釀癰疽之患以愚生之見其所以揚

祖烈而求乂安亦有可言者矣是故帶甲萬兵威强矣歲久而逃亡者衆兵數甫十之

一二然客寓而蓄田產長子孫者積有不及焉則召募投充與清勾竝行可也列屯鱗次軍餉具矣軍寡而拋荒者多糧額或責之包賠然豪右之肆侵占巧影射者徵科不及焉則追奪召種與領佃竝行可也標枝野鹿夷俗雖悍性實淳朴也異省之逋逃者投托教誘而釁端日滋矣則禁戢而斥逐之是可緩乎火耕刀種夷部雖陋類多居積也土官之貪饕者掊剋誅求而

生理日索矣則審編而限制之不可行乎
治城之文教丕興矣而堡砦猶多不學則
徧設社塾使習禮義亦變夷為華之道也
土酋之職貢咸脩矣而潢池或有弄兵則
旋宜撲滅勿令襲秩亦轉土為流之策也
蓋昭誠布公使文德之脩既足以服其心
蓄威養銳使武備之嚴又足以制其命無
事則鎮之以不擾而有首足聯屬之安有
事則驅之以必從而有臂指相使之便所

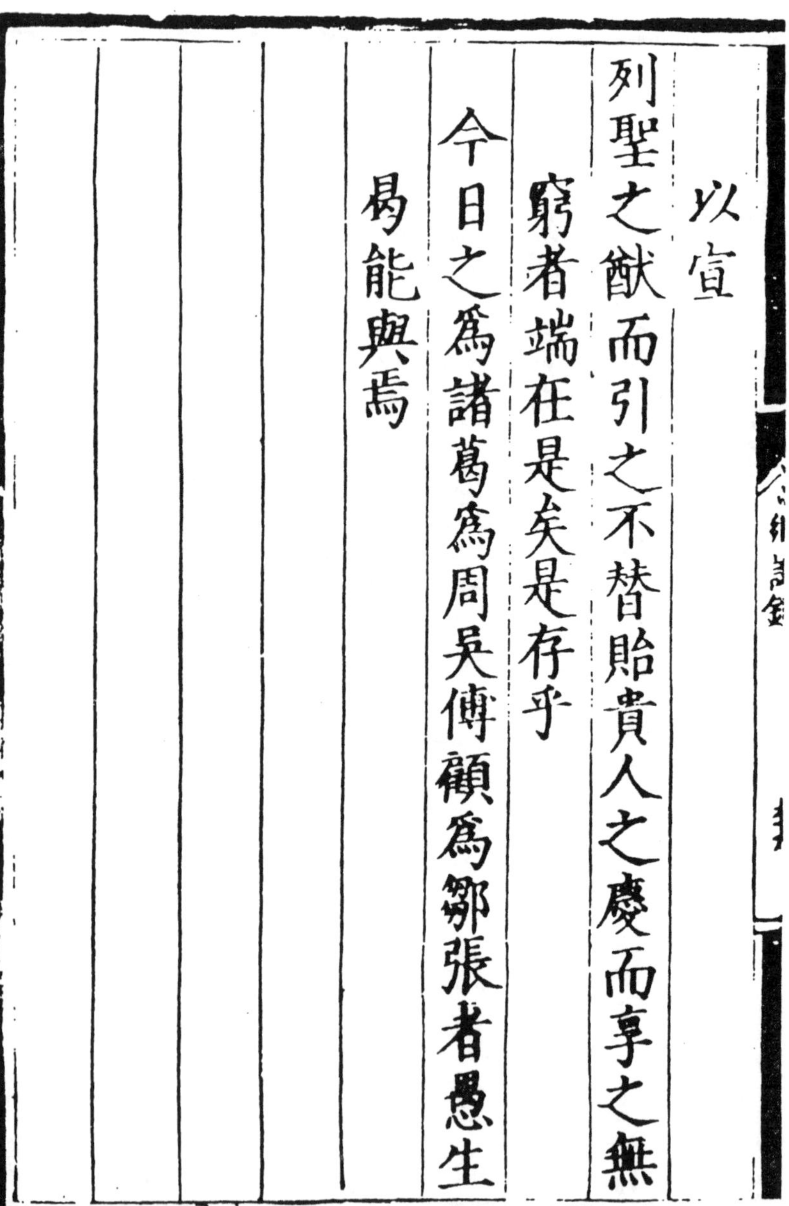

以宣

列聖之猷而引之不替貽貴人之慶而享之無
窮者端在是矣是存乎

今日之爲諸葛爲周吳傅顧爲鄧張者愚生
曷能與焉

貴州鄉試錄後序

是歲貴州鄉舉士

獻書且成弘建以校役得有言

末簡夫貴故徼外地無論漢

唐在虞夏時僅以聲教暨之

造自我

高皇帝始入職方爲冠帶之國至

今西珥南詔之域劃焉神皐
所徙五方豪傑良家子往往
崛起乘塞列隧間鬱爲時棟
不啻鄒魯其閭巷矣諸蠻夷
長鱗集受號役屬外圉惟
明命是共無所庸鞮譯此雖干羽
不足比德盛鞭箠力哉 弘璉

嘗竊誦
高皇帝用夏變夷之功在貴爲獨
震不自意應聘越萬里親馳
其地縱觀其人文則又因而
竊歎焉
祖宗建學數文二百有餘年澤至
深厚佩服儒術之士濟濟待

用
皇國歲復寖盛而不可勝收夫恢
拓疆宇開
一代鴻基儲育才賢爲萬世保
治長計
祖宗貽謀烈矣今玆
皇上以神聖之資

撫熙洽之運
嗣大紀元與天下更始遠人方延
頸回嚮耳目一新士益乘時
自奮爭負其奇應
明詔即一方而天下其槩之矣夫
新沐彈冠新浴振衣從新也
雲從龍風從虎聖人作而萬

物覩從類也恒物大情非由
强而後合我
皇上首舉得士之盛固其宜哉雖
然取士於貴在二百年之前
懼其俚而不文在二百年之
後則懼其文之過而奪質何
也光岳漸分與風氣始開之

日其埶殊也物勝權則衡殆形過鏡則影窮文奪質則離誠就詐棄樸而取華將不勝其敝昔孔子憂周末文勝思欲抑而還諸質故寍固寍儉寍野蓋激於所偏勝捄之曾人有以薄膳盛之土鉶之器

進孔子者孔子悅而受之如
受大牢之饋孔子又嘗卜得
賁太息不悅曰賁非正色也
吾思夫質有餘而不受飾者
也諸士誦法孔子有日矣由
所悅繹其所思而察其所必
求不可以自考乎且上好下

必甚夫有所感之也我
皇上富於春秋方
負扆朝萬邦夙夜鋭情理道敦本
尚實大者
詔罷徵采
詔緩飾鹵簿節約爲天下風曾未
朞年

教行俗易其於孔子之道蓋默
契而躬行之矣頃又
特諭羣臣精白恪恭使眞僞毋相
亂
采言官封事
詔天下釐正文體羅眞才以充
庭實殆千載一時也諸士號修

先聖之術明
國家之體豈其無意名實徒以
空文稱
德意哉弘瑾又聞之居不憂則思
不遠身不約則志不廣今觀
貴士瘠而物力最侵士伏窮
巷率多餰鬻不充短褐不完

甚者不免於負汲無復紛華
淫麗之習足以蕩耳目而奪
其恒心此其質不易漓也計
天下士由文反質以趨於敦
本尚實之化則貴士其先乎
今且入對
大庭縣次受秩其毋以一日之

遇而忘窮巷之所修毋處脂
膏自潤毋扞文網辱其身毋
比周相飾以滋互市毋畀論
儕俗以希容毋便文自營而
妨公家忠計庶幾敷奏不虛
成信爲金石休烈著乎盤盂
聲光被之壺鑑質誠無文其

天下之至文乎今有羽玉具劒於此以刺則不中以擊則恐自刓與空柯何擇焉夫士有餘於文而無當於實用殆類是矣鑒之哉

江西瑞州府儒學教授施弘璉謹序

河南鄉試錄序

萬曆七年秋八月郡國遵
令甲復當論秀於鄉在河南則
御史蘇民望寔監部中維時
秉憲申要束飭簾內外事唯
謹簾以內則前巡按御史張
簡禮聘學正璽與教諭李發

司考試教諭梁龍鄔熙和張士佐陳原徹脫穎姚登訓導郭包田同考試簾以外則左布政使鄭雲鰲右布政使張天馭提調按察使舒應龍僉事劉東星監試暨百執事咸矢公矢慎如御史指既戒乃

合提學副使李向陽所簡士
二千四百人有奇三試之拔
其儁八十人並錄其文之如
式者以
獻闕以執事宜宣言首簡闕往
讀漢紀徵睹六制令博士待
與諫大夫循郡國舉茂才

異等士則　察臣　以進
賢絀不肖者所使者之職也
愽士守在六籍何與薦士乃
今身自從御史及諸大夫後
祇役大邦則太喜過望顧自
惟經學淺陋孰與漢專門家
彼各持其一家言授弟子因

而舉之故有當也[illegible]經學旣
不足爲士程而兹中州士所
爲業故又未甞切磋究之安
能以意逢占射覆而幸其或
中遂以決豪傑哉且元光時
六籍初出人又猶尚詘焉諸
博士 稍能[illegible][illegible]說不悖

所聞　褒然舉高第則微

獨有司易得士士亦易進也

明興二百餘年

文治代光

道化旁洽自山陬海澨經生學

子在所斌斌翂玆嵩少河洛

之間古稱文獻淵藪伊傅申

甫而下一何其多賢聖乎藉
令今所舉士第如漢經生然
即歲一舉猶將不可勝收顧
去
國家需材之意遠矣異日者士
稍稍習剽剿馳騁於浮言
皇上霈然

明詔剗滌　習

諭諸生治經義務明理道通世務

以實學濟實用於休哉

聖訓海內士誦服久亦既斐然嚮

風矣而中州去

輦轂下近顧化宜益浹焉故璽

始入棘程多士之文也兢兢

奉科指尺寸無敢以意所收必

上意所欲徵進者所置必

上意所欲汰斥者蓋竭日夜之力

評隲參伍具見其文質而後

乃敢授御史籍奏也則庶幾

哉士有明理道通世務者在

於收中以塞
明詔而爲縣官用然豈敢望哉蓋
漢博士亦嘗數遺矣終元光
之世其粹然以儒稱者唯董
仲舒一人它無足數焉至從
諛飾詐希人主意用事如公
孫子者彼其始曷嘗不以經

術進乎而世且以由學多詐
庭詰而面辱之雖致尊顯垢
彌甚耳[illegible]敢謂今所收士盡
爲舒而不爲弘耶然而其爲
舒者具矣今視其言原本天
人數陳丁伯辯晰義利卽董
生丛簡而誠宜無以過顧董

生不能得漢武而令多士際
昌朝而乘
泰運遭遘則獨奇焉
皇上建極
君師日延攬儒英與脩聖統得士
如董生必且置之論思獻納
之列多士豈可謂不遇世乎

藉令公孫子居今且不能飾其藝以售於有司卽幸而售曾不得與掌故何能一日朝堂之上故闕知多士之必為舒而不為弘也多士勉乎哉夫官先事士先志志舒則舒志弘則弘志舒卽千禩之下

猶將執鞭慕之志弘郎同時
已有詬而辱之者矣多士宜
何處焉若曰斯畀畀爾吾方
望步武伊傅申甫間奚有於
漢儒則聖益大喜過望然聖
以經術進多士宜度多士能
爲者告語之固不在設高論

以虛談多士且舒固伊傅申
甫徒也惟多士擇術而邁往
焉可矣是役也巡撫河南右
副都御史周鑑振紀宣猷雅
端士範總理河漕右都御史
兼工部右侍郎潘季馴總督
漕運戶部右侍郎兼右僉都

御史江一麟撫治鄖陽右僉
都御史楊俊民綏奠衝懞興
起士類先後巡鹽御史朱璉
高維松房寰姜璧印馬御史
許樂善章軌貞教肅振士風
左叅政李承式右叅政安嘉
善姜繼曾左叅議葉寓副使

梅友松王問臣范伋僉事陳

尚伊胡時化王佩祥署都指

揮僉事劉允慶魏孔與則贊

襄防檢兹預司存禮科左給

事中顏容舒吏科給事中李

實戶部主事王度李尚賓中

書舍人甯化龍行人司行人

方端則將
命茲方適會成事而左參議徐大
任僉事邢玠署都指揮僉事
蔣國忠以入
賀行右參政唐汝迪左參議張
堯年以
新命代副使張純孫光祖胡維新

僉事朱東光史邦直以職事

出法得茲書

直隸徐州儒學學正陳璽謹

序

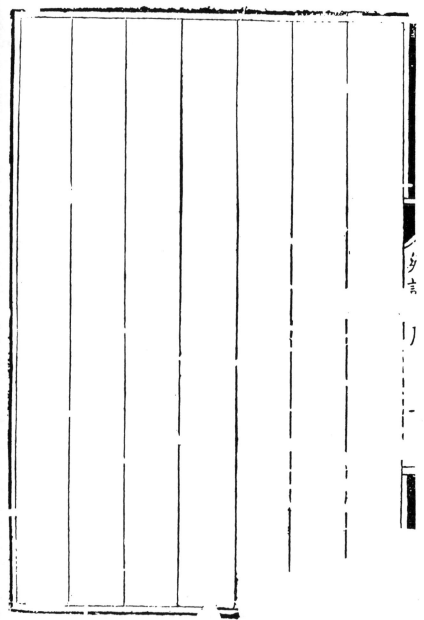

9798

萬曆七年河南鄉試

監臨官

巡按河南監察御史蘇民望 子愚 直隸長垣縣人 戊辰進士

提調官

河南等處承宣布政使司左布政使鄭鎏 仰川 福建閩縣人 丙辰進士

河南等處承宣布政使司右布政使[illegible]敏 以馳 直隸深州人 丙辰進士

監試官

河南等處提刑按察司按察使舒應龍 時見 廣西全州人 壬戌進士

河南等處提刑按察司僉事劉東星 子明 山西沁 戊辰進士

考試官

直隸徐州儒學正陳璽 [illegible]福建福[illegible] 丁卯貢士

山西太原府太原縣儒學教諭李發 原[illegible]山西[illegible]汾州 甲子貢士

同考試官

直隸鎮江府丹徒縣儒學教諭梁寵 茂欽 廣東新會縣人 丁卯貢士

湖廣武昌府崇陽縣儒學教諭鄔熙 能父 江西新昌縣人 甲子貢士

山東萊州府平度州昌邑縣儒學教諭張士佐 彥衡 江西南昌縣人 庚午貢士

山西澤州沁水縣儒學教諭陳嘉猷 伯敬 陝西武功縣人 庚午貢士

陝西鳳翔府寶雞縣儒學教諭脫穎 [illegible]夫 陝西鎮原縣人 癸酉貢士

陝西平涼府鎮原縣儒學教諭姚　登　漸之陝西咸寧縣人　庚午貢士

山東濟南府鄒平縣儒學訓導郭包田　允心山西屯留縣人　丁卯貢士

印卷官

湖廣等處承宣布政使司理問所副理問王　塨　大紱貴州清平衛籍浙江嵊縣人庚午貢士

河南等處提刑按察司經歷司經歷殷　哲　子濬山東歷城縣籍　武定州人[illegible]

收掌試卷官

開封府知府薛　綸　汝[illegible]山西天城衛人　戊戌進士

歸德府知府鄒學柱　國柱浙江餘姚縣人　[illegible]辰進士

彰德府知府常存仁　[illegible]山西[illegible]平縣人　[illegible]進士

衛輝府知府　暴壽　山西[illegible]留縣人　乙丑進士

懷慶府知府　胡汝欽　敬直隸定興縣人　辰進士

河南府知府　黄焯　原籍江西豐城縣人　戊辰進士

南陽府知府　顧顯仁　元伯直隸武進縣人　戊辰進士

受卷官

汝寧府同知　顧雁龍　汝翼直隸無錫縣人　乙丑進士

開封府推官　魏濬　象洲山東鄒縣籍福建閩縣人　丁丑進士

彰德府磁州知州　趙範　範之福建漳浦縣人　辛未進士

歸德府鹿邑縣知縣　張朝瑞　子禎直隸海州人　戊辰進士

彰德府安陽縣知縣馬允登 叔光直隸東光縣籍山西崞縣人辛未進士

衛輝府輝縣知縣聶良杞 子實江西金谿縣人戊辰進士

衛輝府獲嘉縣知縣張一心 道宗直隸獲鹿縣人丁丑進士

懷慶府武陟縣知縣韓[illegible] 川受山東青城縣人辛未進士

彌封官

歸德府推官陳璧 道良福建閩清縣丁丑進士

彰德府推官韓應庚 希白直隸東勝右衛籍山西趙城縣人丁丑進士

開封府鄭州知州佘良樞 吉甫江西奉新縣人辛未進士

開封府祥符縣知縣朱道南 統文[illegible]衛籍直隸合肥縣人甲戌進士

開封府太康縣知縣劉皃　迅卿四川忠州人　辛未進士
開封府鄢陵縣知縣陳登雲　從龍方　唐山縣人　丁丑
開封府中牟縣知縣李士達　伯順陝西三原縣人　甲戌進士
南陽府裕州葉縣知縣董嘉善　惟尚山東即墨縣人　丁丑進士

謄錄官

懷慶府推官于有年　時泰山東臨清州人　戊辰進士
汝寧府推官趙南星　夢白直隸高邑縣人　甲戌進士
南陽府裕州知州董石　叔玉湖廣麻城縣人　乙丑進士
開封府新鄭縣知縣馬朝陽　鳳岐山西太原縣人　丁丑進士

河南府洛陽縣知縣李載陽 子春湖廣蘄州人 丁丑進士

河南府嵩縣知縣李化龍 子雨直隸長垣縣人 甲戌進士

河南府宜陽縣知縣劉敏寬 伯功山西安邑縣人 丁丑進士

南陽府唐縣知縣劉[illegible] 可容直隸魏縣人 甲戌進士

對讀官

南陽府推官王見賓 懋欽山東濟南衛人 甲戌進士

開封府禹州知州趙三聘 天民山西河津縣人 戊辰進士

開封府儀封縣知縣顧夢鯉 仲魚直隸崑山縣人 甲戌進士

開封府許州臨潁縣知縣陳璨 子光山西高平縣人 丁丑進士

汝寧府汝陽縣知縣李及志 道甫山西曲沃縣人 甲戌進士

汝寧府確山縣知縣王士性 恒叔浙江臨海縣人 丁丑進士

汝寧府光州光山縣知縣韓志道 汝立山東章丘縣人 甲戌進士

汝寧府光州商城縣知縣沈孚聞 貞獻直隸吳江縣人 丁丑進士

巡綽官

陳州衛指揮使李承教 本誨陝西狄道縣人

弘農衛指揮使趙希普 景[illegible]直隸滑縣人

南陽衛指揮使龐天常 大體湖廣慈利縣人

汝州衛指揮僉事何宗乾 惟[illegible]山東鄒平縣人

搜檢官

宣武衛署都指揮僉事胡鳴謙　貞吉直隸巢縣人

懷慶衛指揮使楊　敏　子學順天府宛平縣人

宣武衛指揮同知吳國輔　惟忠直隸滁州人

河南衛指揮同知王　春　體元順天府大興縣人

供給官

河南等處承宣布政使司理問所理問鄭用淵　執信廣東番禺縣人　甲子貢士

河南等處提刑按察司照磨所照磨張　杰　在仲江西南城縣人　監生

河南都指揮使司經歷司經歷王茂松　惟秀浙江平湖縣人　吏員

開封府同知薛選 [illegible]仁[illegible]西汧[illegible]縣人 乙卯貢士

彰德府同知楊震宇 [illegible]四川[illegible]守禦所籍陝西[illegible]人 癸卯貢士

衛輝府同知李恩寵 承之[illegible]縣人 乙卯貢士

開封府通判張文炳 [illegible]隸灤州人 辛酉貢士

河南府通判陶性 [illegible] 壬子貢士

歸德府永城縣知縣鄭東泉 暘南直隸景州人 甲子貢士

懷慶府河內縣知縣周道東 載[illegible]湖廣應城縣人 壬子貢士

汝寧府光州固始縣知縣召甦 世昭浙江餘姚縣人 壬子貢士

歸德府經歷司經歷王邦彥 直隸長垣縣人

衛輝府經歷司經歷楊棟 陳之陝西洮州衛人 監生

開封府陳留縣丞劉登泉 仲川陝西淳化縣人 監生

開封府陽武縣丞詹同 公甫四川綿竹縣人 監生

彰德府安陽縣縣丞周於 元卿直隸任丘縣人 吏員

開封府祥符縣主簿唐一科 伯第山東成山衛人 監生

開封府杞縣主簿張梯 子登陝西懷城縣人 監生

開封府通許縣典史范世麟 用休浙江會稽縣人 吏員

歸德府虞城縣典史晏一言 汝知湖廣巴陵縣人 吏員

河南府孟津縣典史于嗣熙 元衎浙江錢塘縣人 吏員

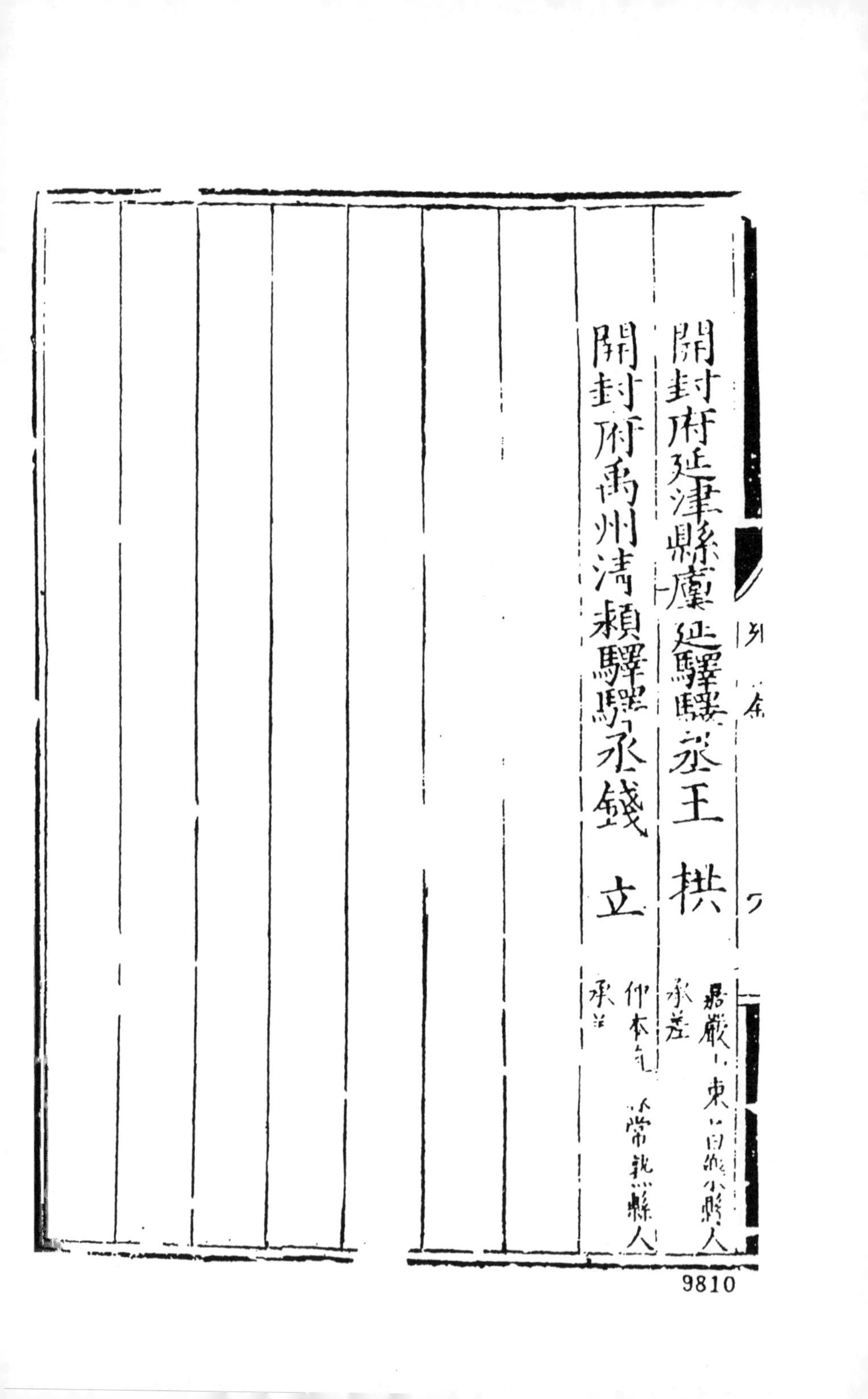

開封府延津縣廩延驛驛丞王　拱　君巖山東日照縣人　承差

開封府禹州清賴驛驛丞錢　立　仲本直隸常熟縣人　承差

第壹場

四書

子貢問曰有一言而可以終身行之者乎

子曰其恕乎

故爲政在人取人以身脩身以道脩道以

仁

孟子曰欲貴者人之同心也人人有貴於

己者弗思耳

易

君子以多識前言往行以畜其德
說而巽孚乃化邦也
廣大配天地
聖人之大寶曰位何以守位曰仁何以聚
人曰財理財正辭禁民爲非曰義
書
欽哉欽哉惟刑之恤哉
臣爲上爲德爲下爲民其難其愼惟和惟
一

先王既勤用明德懷爲夾庶邦享作兄弟

方來亦既用明德后式典集庶邦丕享

皇天既付中國民越厥疆土于先王肆

王惟德用和懌先後迷民用懌先王受

命已若茲監惟曰欲至于萬年

其克詰爾戎兵以陟禹之迹

詩

東方明矣朝既昌矣匪東方則明月出之

光

大人占之維熊維羆男子之祥

鳳凰鳴矣于彼高岡梧桐生矣于彼朝陽菶菶萋萋雝雝喈喈君子之車既庶且多君子之馬既閑且馳

懷柔百神及河喬嶽

春秋

六月齊侯來獻戎捷 莊公三十有一年

五月癸丑公會晉侯齊侯宋公蔡侯鄭伯衛子莒子盟于踐土 僖公二十有八年

秋齊侯宋公江人黃人會于陽穀僖公三年

夏四月己巳晉侯齊師宋師秦師及楚人戰于城濮楚師敗績僖公二十有八年

戊子晉人及秦人戰于令狐晉先蔑奔秦文公七年

秋季孫意如會晉韓起齊國弱宋華亥衛北宮佗鄭罕虎曹人杞人于厥慭昭公十有一年

禮記

禮時爲大順次之體次之宜次之稱次之故德輝動於內而民莫不承聽理發諸外而民莫不承順上下相親謂之仁敎順成俗外內和順國家理治此之謂盛德

第貳塲

論

聖王所以致治

詔誥表 內科一道

擬漢賜天下今年田租之半詔 文帝二年

擬唐加房玄齡太子少師誥 貞觀十三年

擬輔臣奉

詔恭撰

雝肅殿箴成

進呈表

判語五條

官員赴任過限

起解金銀足色

私役民夫擡轎

子孫違犯敎令

修理橋梁道路

第叄場

策五道

問易繫尊卑書詠明良君臣相遇蓋千載一時也粵稽古昔都俞喜起之風賡揖

鹽梅之喻載在典謨訓誥遐哉盛乎不可尚已漢唐宋以來英君賢相代有之然相知矣或不能相信相信矣或不能相濟亦有嗣其徽音而庶幾于盛觀者與洪惟我

太祖高皇帝作

大誥三篇而首以

君臣同遊一語

淵懿之旨可得而仰窺其萬一與及讀

閱江樓記

醉學士歌當其時泰交雲從之象猶可想見

列聖相承凡

宣召

宴游見諸

聖諭歟及儒臣所紀載者可得而聞其槩與我

皇上曆應

昌期光撫

鴻業

首親儒碩日

御經筵

平臺煖閣之

召

宸翰奎章之

賜所以聯上下之交爾通其情者至切也二三

輔弼之臣稽古正學同寅紛忠贊襄

密勿貞可以對揚

天子休命稱明弼篤棐之佐矣爾諸生其鋪張

揚厲之以鳴
國家千載一時之盛
問古之談天文者多矣其最著者有三其
詳可得聞與說者以嵩高當天之中其
度數亦可考與漢時洛下閎能明其義
著為太初曆稍合于古唐有戊寅麟德
新曆宋有六合三辰新儀其制度亦可
得而言與堯以閏月定四時成歲而晉
宋虞喜諸人又有歲差之說相為符合

否也我

朝曆法定於

聖祖度越千古以洪武甲子為曆元其與勝國

授時曆之制亦有差別否與說者謂年

遠數盈漸差天度當隨時脩改今亦可

議而行之否諸士學焉而生其智不在

閣下當必有究心于此者請詳言之以

觀格物之學

問經術治道相為表裏聖人所以維世立

教也去聖愈遠諸子迭興六籍湮而衆
言亂述作紛紛淄澠莫辨其何以窺吾
道之堂奥而示來學之準的乎茲以一
二疑義與諸士子商之夫顏曾思孟垂
訓昭如粹乎無以議矣而復有緬顏子
書者有若續孟子二卷者然則曾子十
八篇子思二十三篇亦果出於二賢
筆與彼作書續論語者論疑孟子君子
有遺譏焉則學出龜山與學最近正者

其于中庸性道之旨大學先後之義果有所發明否與學庸語孟六經同歸諸所擬釋羽翼未著豈數子者無一言幾于道與濂洛淵源洙泗考亭灑統集成而經籍傳註粲然明備于世俾學者不惑所從嚮其指歸可得聞與抑于數子之說有不盡廢者與夫學術不正流弊何極經術不明適用則盭此聖學王道之所係也諸生窮經待用亦既有年矣

願訂疑而祈衷焉

問河之為患久矣禹自積石鑿龍門下砥柱至于大伾疏而為九其故道今何在也可指而言之與漢武成間河嘗數決諸臣議亦互異其策有可施于今者與往者奔潰四出塞決靡定慮妨運道

天子遺重臣治之亦既安流然為求利之計者欲導上流闢行新集故道其議亦可行與或言河善汎溢遷徙不常非人力所

能爲或言築壩斷流可逼歸漕微開一線令自衝刷二說將安所取裁也即故道已開復有他決又將何以禦之如不可復而北陳一帶淤淺漫漶又將何以濬之成大事者不惜費顧費至百萬安所取給勞民野處工役繁興何以使之樂事勸功而亡聚衆之虞諸士抱桑梓之憂其必有畫一之策願直陳之毋隱

問災疢之來聖世不免故堯有洪水湯有

大旱當其時時雍允殖之民不聞捐瘠
焉將養之有道與周禮荒政蓋詳言之
其所稱冢宰三十年之通遺人之委積
廩人之九穀大司徒之聚萬民亦可得
聞與井田廢而荒政壞後世爲一切權
宜之術乃有創平糴常平義倉社倉者
有東西移徙勸助貸降度牒鬻米者其
法不逮周遠甚顧亦有可采與我
國家隆堯湯之仁而法周制建倉徧天下至

備豫矣

聖明在宥治登乎上理數年以來時和年豐民安物阜號爲富樂乃頃者江南一大水而民奮呼至於相攫胡以若是亟也

上霈然發

德音下

明詔議蠲濟甚備奚策而使霑實惠與天下之患莫大乎抵塞乎目前以玩愒於事後誠欲善後又奚策而可夫鄰國爲壑仁

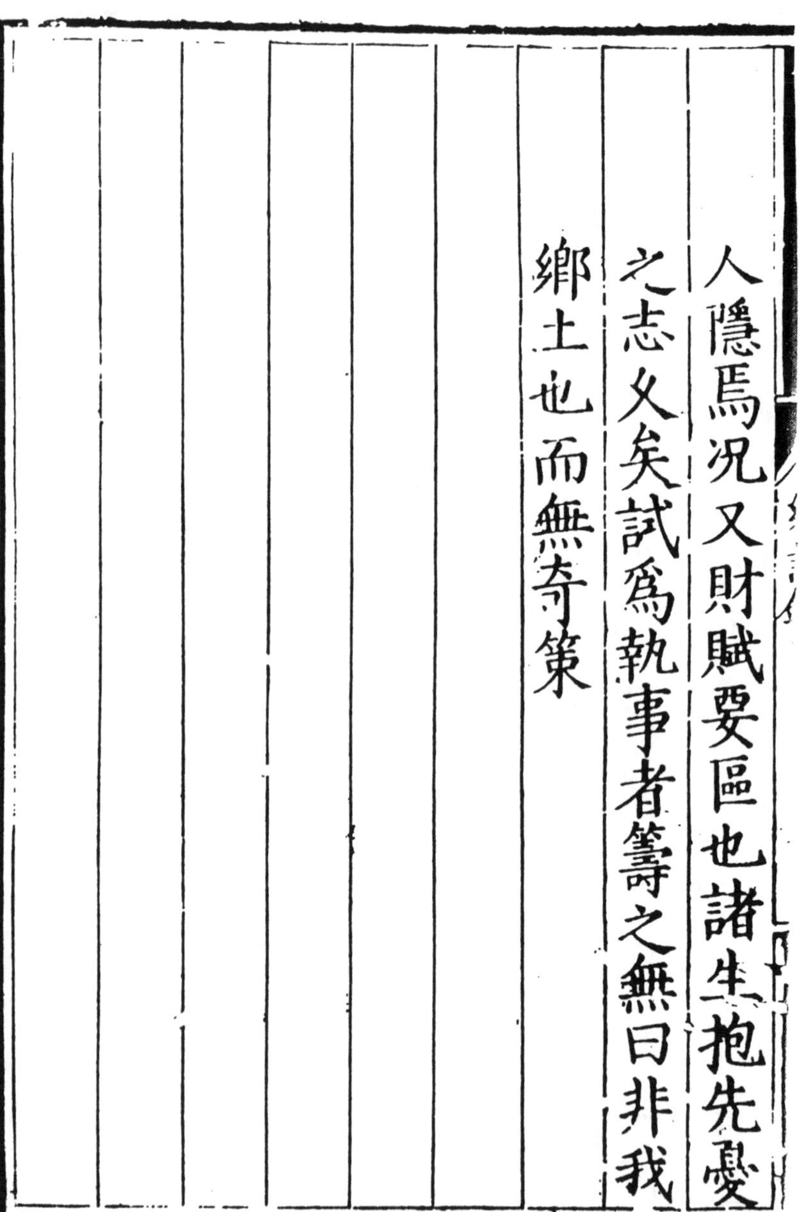

人隱焉況又財賦要區也諸生抱先憂之志久矣試爲執事者籌之無曰非我鄉土也而無奇策

中式舉人八十名

第一名張自立　汝陽縣學生　詩

第二名王道增　潁川衛軍生　易

第三名崔斗瞻　輝縣學生　禮記

第四名謝三詔　郾城縣學生　春秋

第五名汪　煥　嵩縣學生　書

第六名楊堯華　睢州學生　易

第七名李茂春　杞縣學增廣生　詩

第八名胡鎡　光山縣學生　春秋

第九名常心　鄭州學生　書

第十名蔡毅中　光州學生　禮記

第十一名趙壽祖　汝寧府學生　易

第十二名安世鳳　歸德府學生　詩

第十三名曾濱　睢州學生　書

第十四名王遵訓　寧陵縣學生　詩

第十五名魏養蒙　河南府學增廣生　易

第十六名曾邦柱　商城縣學附學生　詩

第十七名楊　位　汝寧府學生　易

第十八名楚惟賢　開封府學附學生　書

第十九名李杜才　南召縣學生　詩

第二十名何應奇　陝州學生　詩

第二十一名邢紹美　洛陽縣學生　易

第二十二名劉廣業　河南府學附學生　詩

第二十三名徐正蒙　固始縣學附學生　春秋

第二十四名戴一松　儀封縣學生　詩

第二十五名殷允中　杞縣學附學生　書

第二十六名陳惟芝　孟津縣學生　書
第二十七名張嘉相　信陽州學生　易
第二十八名溫　溶　河南府學生　易
第二十九名吳應元　信陽州學生　詩
第三十名張　豫　祥符縣學附學生　易
第三十一名傅商弼　嵩縣學生　春秋
第三十二名葉　潤　眞陽縣學生　詩
第三十三名吳際時　河內縣學生　易
第三十四名艾益善　郾城縣學附學生　詩

第三十五名董九貢　禹州學生　書

第三十六名師如霆　洧川縣學生　詩

第三十七名陳世恩　夏邑縣學增廣生　易

第三十八名王可久　偃師縣學生　詩

第三十九名雍獻策　睢州學增廣生　禮記

第四十名陳嘉慶　開封府學附學生　易

第四十一名侯之宣　尉氏縣學生　書

第四十二名李　堦　延津縣學增廣生　詩

第四十三名賈竟志　夏邑縣學附學生　易

第四十四名李年耕　杞縣學生　詩

第四十五名司　諫　河南府學生　易

第四十六名鄒之任　懷慶府學生　詩

第四十七名劉　彔　杞縣學增廣生　易

第四十八名趙舉賢　睢州學生　書

第四十九名徐　涉　歸德府學生　詩

第五十名朱　誥　南陽府學生　書

第五十一名雷　澴　祥符縣學附學生　詩

第五十二名周三嘉　羅山縣學生　春秋

第五十三名秦尚明　開封府學附學生　易

第五十四名賀世晏　光州學生　詩

第五十五名何獻圖　開封府學附學生　禮記

第五十六名程一才　禹州學增廣生　書

第五十七名張正學　陳州學生　易

第五十八名甯嘉會　考城縣學生　詩

第五十九名王以旌　許州學生　易

第六十名司之翰　林縣學生　詩

第六十一名馬負圖　共溝縣學生　易

第六十二名李　蓋　禹州學生　書

第六十三名胡　化　羅山縣學生　春秋

第六十四名陳七政　光州人監生　詩

第六十五名王應瑞　開封府學附學生　易

第六十六名馬一豸　汝州學生　詩

第六十七名董　來　河南府學生　易

第六十八名許凌霄　睢州學增廣生　書

第六十九名杜　錦　杞縣學附學生　詩

第七十名韋朝光　開封府學附學生　禮記

第七十一名焦思忠　延津縣學增廣生　詩

第七十二名李士登　河南府學生　易

第七十三名馮　恂　偃師縣學生　詩

第七十四名常守信　彰德府學附學生　書

第七十五名申四順　葉縣學生　易

第七十六名馬從龍　杞縣學生　詩

第七十七名萬　石　信陽州學生　易

第七十八名王　輅　陝州人監生　詩

第七十九名劉四教　偃師縣學生　春秋

第八十名劉　阜　上蔡縣學生　詩

第壹場

四書

子貢問曰有一言而可以終身行之者乎

子曰其恕乎

王道增

同考試官教諭鄔　批　講恕字不費辭而理自足

同考試官教諭梁　批　質而不俚淡而不厭布帛

佳作也

菽粟之文足以挽時流而範多士矣

考試官教諭李　批　文有蘊藉言無枝葉非淺學可到

考試官學正陳　批　恬雅舂容有涵泳自之趣

賢者究行己之要聖人發推心之端蓋恕者心之推也求一言而終身可行舍恕其奚以哉且夫學不求諸約者非知要之學也道不本諸心者非可久之道也子貢之學多而識之者問諸夫子曰有一言而可以終身行之者乎夫

一言至微也而欲行之終身何其約而達也終身至遠也而欲盡於一言何其慱而要也此固子貢反約之機而可與言強恕之道矣故夫子迎而教之曰其恕乎蓋吾身日與萬物相酬酢者惟此心也而吾心能合萬物爲一體者惟此恕也理得於近取出之有本而不窮機妙於反觀推之無往而不利由一念之恕達之念念皆恕匪但僅爲可行之道已也而所以通天下之志者亦惟緣是心以廣之焉則是言也固

有終身由之而不可離者在矣由一事之恕達之事事之皆恕能但曰僅爲可繼之行已也而所以平天下之情者不過舉此心以加之焉斯言也殆有終身用之而不能盡者在矣不然所藏之不恕則所施之易窮雖欲行之一時且不可而況可以語終身也哉賜也其知之抑斯言也即夫子一貫之道也蓋夫子嘗以一貫語曾子矣乃曾子則以忠恕發之安勉之辨聖賢之等殊焉而道固未始有二也然則子貢此問

其在未聞性與天道之前與至於他日論學而復以語參者語賜焉則子貢終身所行有不止於恕者矣

故爲政在人取人以身脩身以道脩道以仁

汪煥

同考試官教諭脫　批　此題故字緊承上文士類不能體貼惟是作認理眞切敷詞瑩暢可式

同考試官教諭陳　批　文氣聯絡具如轉圜是

大方作手

考試官教諭李　批　此題人人能之然多陳說可厭惟子超然出所自得可式

考試官學正陳　批　發揮親切結重純心用舉意有見

中庸論政行之自人而本之自君心也蓋政必待人而後行也然非君心之仁亦何以脩道而端取人之本哉且天下無難舉之政而有難得之人觀蒲盧而知政之易也觀人道敏政而知

政之所由舉也故君人者欲舉文武之政以新一代之章程在得文武之人以廣衆思之忠益蓋天下未有無治人而可以行治法者則人之所係重矣而人孰以取之亦曰以身而已蓋身也者賢人之所量以進退者也誠欲得人以圖治必當誠身以作則務使元良之度日表正於朝廷之上而後人可得而取也是取人不以身乎而身孰以脩之亦曰以道而已蓋道也者吾身之所由以範圍者也故欲誠身以作則必當

體道以物身務使倫理之常日體驗於庸行之際而後身可得而脩也是脩身不以道乎而道孰以脩之亦曰以仁而已蓋仁也者即道之所由以浹洽者也故欲體道以物身必當體仁以凝道務使惻怛慈愛之良日流貫於天常人紀之內而後道可得而脩也是脩道不以仁乎至是則道凝而身無弗正上焉有文武之君矣身脩而賢無弗庸下焉有文武之臣矣有君有臣尚何政之弗舉也哉嗟乎世之人主孰不欲求

忠以自爲舉賢以自輔然聖君臺治累世不一見者豈文武未易及哉蓋文武以其純心任賢而後四友十亂師師濟濟共成咸和永清之治後世則不然故賢者亦不樂爲之用又何盛治之能爲故曰有關雎麟趾之意然後可以行周官之法度夫取人者亦若是矣

孟子曰欲貴者人之同心也人人有貴於

已者弗思耳

張自立

同考試官教諭姚　批　此孟[illegible]喚[illegible]人處上乎[illegible]不能發此篇體認真切發揮詳到宜録以式

同考試官教諭張　批　刊落陳言理趣郁灑東語左做[illegible]策可謂不[illegible]其深思而有得者

考試官教諭李　批　渾涵委婉縝密通暢玩之有不窮之味敬服敬服

考試官學正陳　批　句句皆自胸中流出非苟作者

大賢欲人求貴於己必原其心之同而覺之也

夫人莫不有自然之貴也有欲貴之心而不求諸己一何弗思之甚哉孟子覺世之意若曰人情不能以無所欲而不可以無所思胡世之昧而弗覺者衆也吾惑於人之求貴者矣今夫天下有勢分之相懸則人之有貴而亦有賤者其分異也天下有貴賤之相形則人之欲貴而不欲賤者其心同也夫生一欲貴之心則凡可以苟得無不爲矣充一患待之心則雖至于失己有弗恤矣不知貴非獨人有之也己亦有之者

也非獨一人有之也人人有之者也惟皇敷錫於民而渾然秩然之良與形生以俱畀是不爵而尊者也特其物欲累之而冥焉不加察耳誠於虛靈獨覺之天一潛思焉固有欲之卽至者而又何羨乎惟民陰騭於天而至美至榮之懿與氣稟以俱備是無位而貴者也特其私意蔽之而昧焉不知求耳誠於微隱獨知之地一深思焉固有取之自足者而又何慕乎蓋天地之性人爲貴而貴卽在於己之身有其在己者而

以視人之貴雖謂之不足貴焉可也聖功之大起於思而思不出乎已之外舍其當思者而徒慕人之貴雖謂之不欲貴焉可也人誠欲貴乎不欲貴乎可以思也已時至戰國人皆溺於功利而不知有性分之貴士之日賤也久矣苟知所貴則足乎已無待於外膏粱文繡奚顧哉孟子欲挽其趨大體小體之辨天爵人爵之論每致意焉奈何以此爲訓後世猶有徒誇稽古以爲榮者

易

君子以多識前言往行以畜其德

王道增

同考試官教諭鄔　批　多識便是畜德處若兩截

講過云止欲以者非經意也此作得昔大雅不羣

同考試官教諭梁　批　發揮多識意殆盡理明辭

達音響中節

考試官教諭李　批　文氣疏爽泚纖尤警拔

可玩

考試官學正陳　批　清暢

君子弘稽古之益德之所畜者大矣夫古人之德不可見而言行猶有存者多識以畜其德君子善體易也哉今夫德不假於外求而功恒裕於所畜君子體天在山中之象果何以畜其德耶蓋古人由畜德之盛而時出於言行之間則前言之幸存非糟粕也一是德之精華也往行之具載非陳迹也一是德之實體也理之所在皆可資於已而惟識之不多斯無以大其畜耳

君子以學古乃有獲而兼綜羣籍于以弘吾養心之資思稽古爲有益而愽習舊聞于以廓吾豫內之助明徵定保之謨吾從而識之末已也誦詩讀書凡一言之幾於道者莫不兼收而竝畜焉則識其言因得其所以言而萬理之會通於心者殆日進于高明而罔覺矣師世範俗之軌吾從而識之末已也考德論世凡一行之可爲法者莫不併包而兼容焉則識其行因得其所以行而衆善之體備於已者殆日積于廣大

而不知矣斯其識也非誇多也窮其理於萬殊事內而不遺乎外也其畜也非徒博也會其理於一本由外所以養其中也此君子之德所以為剛健篤實輝光而日新君子之畜所以與天在山中同其大也與雖然有天下之大涵養則必有天下之大設施以君子之德又當大畜之時豈徒使之自有餘而已哉古之人耕莘樂道未嘗不慨然于三聘而遂成救民之功良有以也苟無其時吾固知其吠畝終焉矣此顏子所

以簞瓢陋巷與禹稷同道也是故大畜德也不家食時也蓋正以俟時者君子之道也

廣大配天地

湯堯章

同考試官教諭鄔　批　廣大本欲爲天地之理就

與天地相似者非然人道出此作衍行之

同考試官教諭梁　批　根極理要一洗浮詞深於

此[illegible]作也

考試官教諭李　批　精切

考試官學正陳　批　純正

觀易道之蘊合造化而一之者也夫天地易之原也以其所自生之廣大而有不足以配之哉大傳賛易至此若曰易作於聖人而實始於造化善觀易者求端於天地而可以見其廣大之實矣彼靜專動直天之所以爲大也使易之大非由此生焉則其理與天不相似何以配乎天耶靜翕動闢地之所以爲廣也使易之廣非由此生焉則其理與地不相似何以配乎地耶今

惟乾坤動靜之德先易理而肇其端者既有以
開廣大之原則聖人作易之精後天地而體其
撰者自有以彰合德之妙仰焉不必其觀象也
而易之大生于乾者有天道焉是天之理盡于
易也惟天無不覆而易固可以包含之溥博周
徧之體其大一天而已矣俯焉不必其效法也
而易之廣生于坤者有地道焉是地之理盡于
易也惟地無不載而易固可以兼容之翕受數
施之量其廣一地而已矣故求之於法象則備

仰上下惟天地之爲大謂易足以配天地固不可觀之以實理則陰陽闔闢盡乾坤之大義謂易不足以配天地又豈可哉信乎未有易先理在造化既有易後理在易書所以通達乎遠邇充塞于兩間者其廣大有由然矣雖然易豈能自爲廣大乎聖人之精畫卦以示聖人之藴因卦以發是固所以成能於易書而有功于天地也善學者致吾心之廣大會造化易書而一之而後可以窺聖人心易之本彼九師五子之説

斯隘矣無怪乎天下以卜筮小吾易也

書

欽哉欽哉惟刑之恤哉

汪煥

同考試官教諭脫　批　詞意親切有味深得虞舜制刑之本心

同考試官教諭陳　批　講欽恤二字一滚下太甚有識見

考試官教諭李　批　理明詞暢

考試官學正陳　批　懇刻

聖人制刑之心一仁而已矣蓋聖人仁天下之心無窮也一制刑而欽以恤之其斯以爲至仁乎且天下有不可廢之法而聖人有不容已之心心行於法之中而後其法斯善矣舜之制刑何如哉以爲刑非庶政比也上而國憲所自出焉下而民命所由關焉于是祇愼於區畫之初而哀矜恒爲之貫徹敬畏於規度之始而惻怛常爲之流通爲輕爲重制之非不詳矣而此心

之欽乎其欽者惟恐上有淫刑或干天地之太
和焉而每有無疆之恤也為經為權制之非不
審矣而此心之欽乎其欽者惟恐下有冤民或
傷國家之元氣焉而罔敢無忽于恤也法自我
立也猶不敢以遽立蓋將曰法者天下之平也
一有未善則天下之倚法以戕民者非自我貽
之乎而象魏未懸已切天下之隱憂矣刑自我
設也猶不敢以遽設蓋將曰刑者一成不變也
一有未當則後世之濫刑以殘民者非自我啓

之乎而紀法未布已懷萬世之長慮矣是其刑之恤者故不得不用其欽也其刑之欽者正所以深致其恤也良法之中而美意攸寓此有虞之所以爲祥刑也與抑聖人之心一天之心也天以陽生萬物不得已而佐之以陰聖人以德化萬民不得已而齊之以刑刑也者所以輔德之不及者也使刑而可已焉聖人亦何樂於此而必爲之哉是故舜之欽恤禹之泣罪其揆一也嗚呼必如是而後可以論聖人之心

先王既勤用明德懷爲夾庶邦享作兄弟方來亦既用明德后式典集庶邦丕享皇天既付中國民越厥疆土于先王肆王惟德用和懌先後迷民用懌先王受命已若茲監惟曰欲至于萬年

常心

同考試官教諭脫　批　格正詞雅錄之以爲浮靡

有式

同考試官教諭陳　批　發揮周臣忠愛之意詳

然可誦

考試官教諭李　批　莊重典雅

考試官學正陳　批　簡當

大臣之於君欲其紹先德而永天命也夫昭德以化臣民先王有成法也後王能繼之其長世宜矣周臣以此告君亦責難之意也若曰人君守先王之業必并其德而繼之斯其業可永也今日吾王當何以盡其道哉彼先王以一人而撫萬邦甞用明德以懷諸侯而因以致兄弟方

來之盛矣其舊典固可式也王能率先德而懷
遠爲近焉則今之諸侯循夫昔日之諸侯而庶
邦之丕享不其再見矣乎先王以一人而君萬
姓嘗用明德以格皇天而因以付人民疆土之
重矣其凝命固有自也王能念迷民而和懌先
後焉則今之人心不改於昔日之人心而先王
之受命不其用慰矣乎是言也皆王之所當監
也而臣之心果何心哉惟曰諸侯者國之衞也
欲王以德懷之而藩屛日固於以延有道之長

使兄弟方來萬年如一日焉而明德爲益遠斯已矣庶民者邦之守也欲王以德化之而基本日培於以衍靈長之慶使人民土宇萬年如一時焉而受命爲無疆斯已矣臣之願王者如此而王可不監臣之言哉是則法祖致治盛德也祈天永命大業也周臣以此爲君望其忠愛亦獨至矣大抵立國者以八心爲本非積德累仁求以永世難矣當成周之時六服羣辟罔不承德而順如殷民亦皆式化治已盛矣而臣之進

戒其君方惓惓以懷來和懌爲言至於用德明德之訓不一而足此太和景象所以在成周宇宙間而八百年永世之業厥有自也

詩

鳳凰鳴矣于彼高岡梧桐生矣于彼朝陽
菶菶萋萋雝雝喈喈君子之車既庶且
多君子之馬既閑且馳

張自立

同考試官教諭姚　批　光彩開潔遒徹尤具精神

佳作也

同考試官教諭張　批　體裁嚴整筆力遒勁斌斌

備上乘矣錄之

考試官教諭李　批　醇雅

考試官學正陳　批　明健

大臣喻明良之所由遇而因與禮賢之有其也夫明良相遇其機恒在上也而況禮賢者有其具矣可不盡所以感之者哉此召公諷成王意也若曰賢者應運而生曷嘗無心於世哉而每

病於遇合之難者則以感之無機而具之不豫
焉故也王知夫物乎彼鳳凰靈鳥也而其鳴則
於高岡匪是固不鳴也梧桐良木也而其生則
於朝陽匪是固不生也然必梧桐之生也菶菶
焉萋萋焉昭發育之象而後鳳凰之鳴也雝雝
焉喈喈焉洩太和之音機之相感有如此者則
夫文明斯世者皆鳳凰也孰不願爲高岡之鳴
而培植於朝者卽梧桐也當先致夫朝陽之盛
矣夫菶菶萋萋則雝雝喈喈矣況君子之車馬

嘗有一之不具乎蓋車有不足猶曰安車之未備也今卷阿一游而絡繹於乘輿之後先者亦旣庶而且多矣馬或不良猶曰錫馬之無資也今卷阿一臨而扈從於六飛之左右者亦旣閑而且馳矣以此車也與此馬也用之而善則菶菶萋萋者在我而雝雝喈喈者自至否則朝陽之良木不茂而高岡之靈鳥不聞雖有車馬將焉用之吾王亦可以深長思矣吁此召公諷王用賢意也夫成王之時周召同心輔政而百執

畢濟濟翼翼其賢材豈少哉而公猶惓惓及此
者蓋以人事君大臣之道而愛養人材尤人主
自爲社稷計也卒之成王得爲守成令主而延
周家八百年有道之長者非公之力哉固宜後
世頌成王之賢而稱公之功不衰也

懷柔百神及河喬嶽

李茂春

同考試官教諭姚　批　一氣貫下殊得題旨且會
文切理言言中竅可以式矣

同考試官教諭張　批　矩步莊嚴詞調雅健宜

錄以式

考試官教諭李　批　典雅通達之文

考試官學正陳　批　理明詞順

觀周王之格神而天眷可知矣夫神聽命於天者也祭告行而神無不格焉可以徵天眷矣武王巡狩而歌之若曰天於我周既隆以右序之命矣則其示之行事也豈特諸侯之震疊已哉彼人君爲天地山川之主則百神河嶽皆其所

當祀者也自商祀不脩而神無常享矣今也承
景命之維新而是蒸是享聿脩夫柴望之儀當
殷禮之肇稱而閟然閟恫遂極其感孚之速懷
之以萃共渙在百神固得所依矣而下及於河
上及於嶽亦莫不鑒帝王之有眞而各為之受
職焉柔之以妥其靈在百神固得所安矣而流
而為河峙而為嶽亦莫不知神器之有主而各
為之効順焉雖河之深廣至難格也然惟明信
之潛通而沛然朝宗者若或導之蓋舉天下之

大川而皆在吾懷柔中矣雖嶽之崇高未易乎
也然惟德馨之昭假而屹然鎮定者若或奠之
蓋舉天下之名山而皆在吾懷柔中矣是我之
祭告固惟脩其常典而非敢有儌於神而神之
格思則實命之自大而不能有違於我信乎天
眷之在周而武王之克君也已雖然綏命在天
而保命則在於武王純競敬勝之德簡在有素
矣而假武脩文以為祈天保泰之道者猶斯所
不至固宜其眷命之獨隆也後世厥德不脩而

神吐其祀至於高岸爲谷深谷爲陵而恬不爲
悲也可慨夫

春秋

六月齊侯來獻戎捷莊公三十有一年五

月癸丑公會晉侯齊侯宋公蔡侯鄭伯

衞子莒子盟于踐土僖公二十有八年

謝三詔

考試官教諭李　批桓文得失只於此字獻不當

獻發之最得題旨而詞復鏗然可誦錄之

考試官學正陳　批　義明辭整

春秋於二伯攘夷之功抑乎矜于内者予乎獻于王者此齊桓以戎捷矜于魯則非而晉文以楚捷獻于周則善矣春秋予奪不同有以哉蓋聞四夷之功獻諸天子而諸侯之國不相遺俘先王之禮所以懲不敬而勸有功莫敢奸稿者也何齊桓失之而幸晉文得之耶桓之伐山戎也以其病燕而廢職貢也而孤竹奏凱遂以其捷獻之魯公斯舉也見桓公之失焉蓋舍近政

而貴遠略人万病伐戎之無名矣乃復誇示友邦而躬遺乎軍獲曾不思齊諸侯也魯非天子也假然匹敵之國而廷獻之鉅典桓實甘之其視僖公在泮之獻豈可同語乎哉聖人以爲是桓之後心爲之也不可爲訓者也故書戎捷之獻以抑之云文之敗楚師也以其猾夏而盡諸姬也而衡雍下勞遂以其捷獻之天子新舉也凡文公之得焉蓋敬王命以糾王慝人方幸敗楚之有詞矣又能脩茲常職以獻俘于王宮豈

不以晉侯國也周則共主也赫然弓矢之錫而
侯伯之休命文實揚之其視吉甫膚功之奏不
亦有光也哉聖人以爲是文之猶知有王也彼
善於此者也故書踐土之盟以予之云夫抑桓
則矜武功者知所戒矣予文則尊王室者知所
勸矣春秋經世之典至矣哉雖然此以論獻俘
之得失耳然桓失於伐戎而召陵之績此實先
之文之獻功雖善而以臣召君不幾于攺物乎
要之桓文之功過俱不相掩均之聖門所不道

也蓋至於春秋紀桓文之功而知聖人之心不
得已矣
秋季孫意如會晉韓起齊國弱宋華亥衛
北宮佗鄭罕虎曹人杞人于厥憖昭公
十有一年
胡鎡
考試官教諭李　批　發明平輿列卿盡心謀蔡
[illegible]婉而盡而該括傳意不事蔓語當是作者
考試官學正陳　批　雄渾可式

春秋恕謀患者之無功亦原其心而已此見晉與諸侯之謀蔡心則勤矣安得以無功而罪之春秋恕以待人固如此昔楚師在蔡厥憖會焉荀吳之救未能狐父之請弗許則此八國之大夫無功甚矣謂宜與盟澶淵之役例論者而春秋恕之何哉蓋君子之論人惟其心而已矣力之能否弗計焉晉與列卿之在當日使時事可爲而因循弗舉則棄蔡縱楚之罪誰則原之今也無親恥矣亡國憂矣列國之君大夫羣聚

而爲之謀矣主宗盟者畏此簡書豈不欲一舉而存蔡也顧以方張之夷而嘗伯圖之不振不得已爲求楚之謀亦冀得請于萬一耳不幸而豕韋徵凶晉其奈之何哉聯友邦者念此親暱孰不欲攘楚而後朝食也顧以旣稔之惡而值中國之式微不得已從請蔡之計意楚或憐而釋之耳蓋至於岡山虐用列國其如之何哉故是會也知攘夷安夏爲義舉而不阻于利豈曰盟會之不仁以興滅繼絕爲重務而靡惑于輕

豈曰澶淵之不智君子取其心之克勤而尤憫其力之不逮故諸侯循序而大夫無貶春秋以恕待人之道固如是也不然是以成敗論事而必求其備矣豈可乎哉抑此所以恕列國之不能耳晉爲主伯而楚横日甚諸姬日就陵夷矣卽委于力之弗加其何以辭于天下文襄悼公之業非不可復振者而叔向諸臣亦晉之良也乃無救于内外之攜叛而徒爲平丘之示威亦何益哉君子觀于晉之不競而不能不重爲世

道慨也

禮記

故德輝動於內而民莫不承聽理發諸外

而民莫不承順

崔斗瞻

同考試官訓導郭 批 體認眞切而詞復典雅子

必深於禮樂者

考試官教諭李 批 辭理精潔

考試官學正陳 批 文有思致

觀禮樂之所著皆有以極感化之神焉蓋禮樂入人之深也德理著而民皆聽且順焉感化其神矣哉樂記意曰禮樂之道其本雖始於身心其化則通乎天下是故由內外之和順而民不爭慢者觀之則知樂者德之動於內固與斯民同得者也君子致樂而極和焉則根心者生色而安久天神之德形而爲光輝之著矣雖無心於民之我聽也而至和默運斯民之感於所動者自爾其承聽焉動以天而信從者益衆也動

以神而威服者益遠也何也民心秉彝之良本無不和也今以和召和其化自不疾而速矣不爭云乎哉禮者理之發於外固與斯民同履者也君子致禮而極順焉則積中者形外而莊敬嚴威之理煥而爲顒若之觀矣雖不期于民之我順也而至順潛孚斯民之感於所發者自爾其承順焉發爲嚴而莫不翕然作肅也發爲威而莫不儼然起敬也何也斯民從乂之心本無不順也今以順致順其機自不戒而孚矣不慢

云乎哉夫德動內而民承聽所謂至樂無聲而天下和矣理發外而民承順所謂至禮不讓而天下治矣禮樂感化之神如此信乎舉而措之天下無難也君子其可斯須去身也哉雖然樂動於內矣而其條理不紊者即爲禮內之未始非外也禮動於外矣而其推行不乖者即爲樂外之未始非內也君子合內外以交脩復中正而樂和平則天地將爲昭焉而況於民乎否則岐禮樂爲二而徒取諸顏色容貌之間抑末耳

何以語於禮樂感化之本耶

上下相親謂之仁

蔡毅中

同考試官訓導郭　批　雅健之詞淵懿之趣一洗繁冗而思意朗然文之絕佳者

考試官教諭李　批　親切有味

考試官學正陳　批　思精詞雅可以式矣

記者即情之洽於上下者而指其爲仁焉蓋仁通天下而無間者也上下相親而情斯洽矣不

謂之仁而何且上下之相懸者勢也而未始不相通者情也自夫情以勢隔而仁之難成於天下久矣誠使在上者弘撫綏之澤而凡體之臣庶者以伺其欲以恤其私惟恐有一夫之不獲者焉由是在下者懷報稱之忱而凡效之君上者以致其身以竭其力惟恐有一念之弗盡者焉君視臣如手足也而臣視君如腹心一德之交孚肫肫然勿之有二矣君保民如赤子也而民戴君如父母至恩之洽浹油油然勿之有間

矣若此者得不謂之仁乎蓋天尊地卑位因森然其有辨也今心之相結而位不足以拘之則無往非惻怛之流通上天下澤分固截然其至嚴也今情之相親而分不足以限之則無往非愷悌之洋溢自上之親下也可以觀愽愛之仁焉而有孚惠心者亦有孚惠德和氣貫徹於兩間非聖人之以仁育萬民者與自下之親上也可以觀尊親之仁焉而無所逃於義者亦無所解於心德愛渾融於一體非聖治之以仁覆天

下者與夫是之謂合天下以成其仁而王道無餘蘊矣君天下者可無盡仁於上下之交也哉抑是道也存之為仁心發之為仁政無非一誠以根柢之也故堯之如天舜之好生文王之視民如傷而唐虞成周皡皡之化可想見矣彼以驩虞為悅者則煦煦之仁耳噫此誠偽之判王霸之分也傳稱仁者以天地萬物為一體而醫以手足痿痺為不仁則欲體仁以長人者其尚近取諸身而得之

第貳場

論

聖王所以致治

趙壽祖

同考試官教諭鄔　批　通篇不尚奇異而筆力高

古音調鏗鏘讀之令人心賞神曠非邃養不能

同考試官教諭梁　批　辯博之才雄渾之氣末重

係治文之有關于理道者

考試官教諭李　批　有識論有識見

考試官學正陳　批　步驟不凡

善理天下者用天下者也用天下者不有天下者也夫人主而有有天下之心則將操其耳目心思之力日覺貿貿焉以與天下角而卒歸於不勝故以身爲天下用而不足有不有天下之心則其視天下常若非己之所獨有而其視天下之事常若非己之所獨適故用天下而有餘用天下者如理絲棼而執其綱不勞而就緒矣以身爲天下用者理之愈急而棼之愈甚祇見其

叢脞耳嗟乎彼其心初亦何嘗不出於求治哉而卒以自敝則勞逸之辯治忽之徵可覩也已宋儒程子謂聖王所以致治無他術賢者在位能者在職而已請爲之申其意今夫人君之身其任天下至艱鉅也其於庶務至殷繁也宮闈朝廟曰予整肅何其重也甸侯要荒曰予綏來又何廣也禮樂刑政曰予脩舉一何勤也天地鬼神曰予格享又何幽也羣黎百姓曰予輯寧一何博也鳥獸魚鼈曰予咸若又何微也夫以

天下若斯之大理天下若斯之難也而曰吾且事事而身之一一而爲之雖堯舜不能以治天下何則一耳目丶手足之力固有所不能辨也微獨人王令夫天穆然以清穹然以虛所謂積氣耳非其於下土未甞一一而焜燿之潤澤之吹煽而震擊之也其焜燿潤澤吹煽而震擊者日月雨露風雷霜雪也然天下不以歸之乎日月雨露風雷霜雪而統而歸之曰天此天之所以爲大也大君者天丶宗子也古人所居者天之位

也其所理者天之 也其所治者天之民也天
不以日月雨露風雷霜雪之用而擅焜燿潤澤
吹煽震擊之權人君獨安能以天下之大而侵
官人使吏之事屈萬乘而躬小勞哉必不然也
且天下未有不得人而可以致治者上自公孤
六卿下至羣工百執事其尊卑易辨也內自百
僚庶府外至郡縣之吏邊陲之長其級簡易辨
也然其職業靡可得而廢也一職非其人則一
職廢矣衆職非其人則衆職廢矣至於衆職皆

廢而天下之事乃有敗壞而不可收拾者則人之所係重也故善理天下者其道莫大乎任人任人又莫大乎兼收而竝蓄之度材德而官使之語曰千金之裘非一狐之腋大廈之材非一木之任言貴衆也騏驥不可以逐鼠梁麗不可以窒穴言貴當也蓄不衆則備不豫備不豫則臨事有乏才之嘆矣用不當則官失職官失職則能否莫辨功效難程矣故爕理寅亮公孤之任也率屬阜成卿士之任也藩垣屏翰岳牧之

任也剸煩理劇百司之任也承流宣化郡縣之任也揚威布德邊陲之任也任不同而人之能亦不同人之能不同而吾所以任之亦不同因能以任人則人各能其事矣因人以試事則事各歸於職矣因職以課功則功各就於理矣賢智輻輳鴻纖畢舉人所能爲者吾責之爲吾所欲爲者人代之爲矣率作興事屢省乃成官職不耗廢而大化颷起矣於是陰陽和天地位兆民阜成四方維乂士庶懽悅邊陲晏如至治之

德通乎神明人皆曰聖王身爲之也而聖王固無爲也朝無隱忠野無壅澤羣生樂業萬有皆遂熙熙皞皞休暢於皇化人皆曰聖王無爲也而聖王非一無所爲也蓋聖王勞於求賢而逸於任人奚以明其然也賢才之伏於天下其生有自而其出有爲也其抱負甚不小而自待甚不輕也故曰士未嘗求君君實求之又曰賢才難得亦難知古者取於版築取於磻釣從容而與之言辭未畢而加諸位矣取於隴畝取於魚

盥夕離于茅蔀之下旦而立於朝堂矣其求之也誠其禮之也厚其任之也重故豪傑聞風而興起忠直見德而敬應山藪之臞肥遯之老抗首而企之竭蹶而趨矣挾一策者獻其猷抱一藝者奏其技矣有非常之才以非常處之有衆人之才以衆人用之身不勞而功集施不愽而化流雖堯舜所以治唐虞之天下不隆於此矣當其得一舜而若時若采次第而舉也得禹皐陶而禮樂教養工虞之官岳牧之任以序列也

是君道也亦天道也爲天下得人也亦有天下不與也故曰不有天下者而後能用天下不有天下故心虛虛故能容而天下之賢皆其賢天下之才皆其才也不有天下故心公公故能擇而賢者上不賢者下賢者進不賢者退也斯之謂用天下之聰明爲我之聰明而一已之耳目有弗用也用天下之翼爲爲我之翼爲而一已之手足有弗用也豈與夫殫智瘁形轇轇擾擾程功能之簿爭尺寸之勞如所謂衡石程書衛

士傳餐者同日而語哉古之聖王垂衣拱手而天下登於上理其必由此矣都又開之吉不以協和時雍貶欽明之德舜不以從欲風動忘兢業之勵覽觀典謨其所稱下民其咨儆戒無虞一時君臣間動色相戒氣象迄今可想見也晚近世不然治臻乎小康功狃於近利而已慆焉舉萬年之觴恣所逸樂以明得意雖有老成深慮之臣睹幾萌而陳法戒亦訑然藐之以爲不足畏而國事且日非矣是故懍儆畏之心則其

任人益專任人益專則人益究於用而天下益
安益治其畏也乃所以爲逸也程子曰任人者
聖王所以致天下之治愚則曰儆畏者聖王所
以保天下之治是爲論

表

擬輔臣奉
詔恭撰
雝肅殿箴戒
進呈表

同考試官教諭姚　批　鋪揚我
皇上好學之心忠懇詳盡而體格渾融句法蒼古直追大雅非徒組織
爲工者

同考試官教諭張　批　用事造語典麗謹嚴深得
臣子對
君之體宜錄以式

考試官教諭李　批　典雅可誦

考試官學正陳　批　溫厚得旨

萬曆七年某月某日具官臣某某伏蒙
皇上命臣撰
雝肅殿箴謹遵
詔恭撰以
進者伏以
帝德罔愆典學謹
萬幾之暇
聖謨丕顯颺言攄一得之愚期未揭乎盤盂庶
少裨于海嶽辭求達意忠豈忘規臣誠惶

誠恐稽首頓首竊惟聖道即物斯存恒因
言以垂訓明君務學爲急貴觸目而警心
故雖叡哲之資不廢箴規之益煥天葩于
旰后始勤几輿揆帝藻于夏庭邇恢堂構
肆攷商王之作範載觀周史之匡違勤迪
民生肇遺基于霸業誨徵贄御冀寡過于
賓筵慨古道之既湮遂空文之徒盛鏡虞
箴而載筆難同秦時之行覽大寶以操觚
莫挽遼陽之役鎮淮南而進丹扆六事終

非上下同心封餘姚而獻體要八章何取
君臣交和迨諷猶省刑之嗣響暨諭善勸
講之兼陳譬彼玄黃徒自矜其組繪有如
竽竅竟靡切于聽聞必待
熙朝始追
懿軌恭惟
皇帝陛下
中和建極
聖敬式閎

大孝尊

親承順儼問安之矩

小心饗

帝明禋秩昭事之風鹽梅舟楫之相資户牖豆

觴而必儆信不聞而亦式猶未見以爲憂

謂難得易失者時玩日多由于閒暇而匪

進則退者學惜陰罔佚于盤遊凡

臨朝侍

膳之餘皆浴德省身之助爰開

便殿琴書廻東壁之輝廣集遺編圖史擅西
崑之勝紫雲書靄
翠輦時來閱禮園藝圃于
禁中不羨瑤臺玉宇把芸草墨花于几上何
如此樹擕伎非肇錫以
嘉名奚表章乎
盛事
性安之懿雖已盡于
宮盡于

廟而無以加

惕勵之衷則實若未敬若未和而不　尼誕

游神于文德遂取義于周詩蓋親族旣敦斯

化隆而於變而鬼神致孝方績懋以平成

惓兹雝肅之芳規允備帝王之要道標弘

文于華構競尚詞章揭崇政于璇題祇騰

口說詎如

上聖獨邁前聞俄布

命于

絲綸俾覃精于鉛槧芻蕘詢及欲聆兢業之
徽音
堂陛情通匪尚豐亨之後頌惟以芻而問務
故居高而聽卑特寫
御屏用陳
法座監觀斯在求同水鑑以照形陟降常存可
比韋弦而養性蓋賢替師工之微不以人
廢言而羲皇姚姒之隆將與治同道者也
臣職懃敬事心愧和衷說詩未析乎三經

輔德叨聯于四友鉤玄提要廑依鄒魯之
宮牆飫潤含醇恍在成周之宇宙頓忘葑
菲忍效涓埃且蓋臣貴託物以輸忠雖英
主鮮虛懷而納誨即違而未入猶陳逆耳
之規矧導之使言敢後沃心之義罔存忌
諱矢竭悃誠語有盡而意無窮辭非文而
旨則遠緬懷左史莫窺軒圖二丙之藏竊
附虞人輒擬禹跡九州之戒伏願
懿恭匪懈

豈弟有恒
稽諸古必準諸今
玩其辭更求其義
由齊家以治
國漸躋九有于咸和
本法
祖而臨民務固八紘于合欲
天庥凝地祉降天地格而玉燭常調中華順外
夷賓華夷安而金甌永固臣無任瞻

天仰
聖激切屛營之至謹以
雝肅殷牋隨表上
進以
聞

第參場

策五道

第一問

王道增

同考試官教諭鄔　批　我

皇上君臣交孚之誼眞有邁唐虞而光

列聖者子能頌述而揄揚之可謂識其大矣宜錄以

獻

同考試官教諭梁　批　鋪張

昭代

明良之盛忠愛懇切其涵濡

聖化而有得者乎

考試官教諭李　批　援古證今揚厲備至末所

數陳左見忠悃是不負所學者

考試官學正陳　批　條荅數牍

君臣之相臨也以分而其相孚也以心夫分所以秩天下之防也心所以聯天下之交也故忠蓋之臣孰不欲結知於君而情限于勢隔則其心不能以上通願治之主亦孰不欲勸忠於臣而禮踈于分嚴則其心不能以下達惟上焉者以心體其臣下焉者以心說其君則聚精會神相得而益

章顯志弘業相須而共濟盛美播於當時

而休光垂於來祺蓄必由之矣知此則我

祖宗之貽謀垂訓

皇上之纘服紹休所以孚于上下而娛美帝王

者不可得而揚厲之哉今夫有天地則有

君臣故易繫尊卑以辨分也書稱明良以

協心也自生民以來未之有改也蓋嘗觀

于天地之交矣確然者上運隤然者下凝

何相懸也然運于上者下際凝于下者上

行呼吸升降常相通焉然後有以發育庶類根柢聋生苟一息不運則機緘窮一間不續則穹壤判君道也天道也臣道也地道也自古聖主必待賢臣而弘功業俊士亦俟明主以顯其德此宗子家相相須甚殷而相求爲甚切也唐虞之世以堯舜之聖主治於上而禹臯稷契之屬恊賛于下都俞吁咈喜起賡歌一德同心振古爲烈矣嗣是而三代君臣相與載在詩書猶可

想見其尤異者若高宗之於傅說托之帝賚而不以爲誕也舉之板築而不以爲卑也俞之舟楫鹽梅而不以爲過也精神常流和氣常洽以故殷邦嘉靖功業綦隆而聲施無窮也有由然哉自帝王道降而遇合斯艱惟惺鄭留炎精啓運漢祖非無可也而保全之道或缺腹、王魏水德用呂唐宗非無可紀也乃猜嫌之際易開是心不相知矣何有于信十事要說玄宗始

嘉納矣而後來之修心不能自克侍從陳
言仁宗每欵接矣而天章之奏對靡究厥
施是心不相信矣何有于治此交孚之誼
所以希聲往昔而功業之成不逮帝王遠
甚也洪惟我
太祖高皇帝天挺
神聖載闢中華
德峻功巍殆非臣工所能仰賛其萬一而
豁度輸誠

禮下彌渥伏讀
大誥首
君臣同遊曰歷代君臣同心一氣立綱陳紀昭
示天下爲民造福是以感格
天地時和年豐家給人足大哉
聖謨粹乎啓泰之
懿訓而
燕貽之遠猷也他如
閱江樓記有明良喜起之風

醉學士歌續鳬鷖旣醉之鄉㫖當其時若常山

岐陽帶礪河山劉基宋濂從容

殿陛始終冏替福祉永綏泰交㝍從眞千載

一時矣

列聖相承前休克紹

君臣道合上下志同

商機密而夜分乃退則

成祖之於七臣焉

戚協心而

語詞親增則
仁廟之於五臣焉侍從論思
燕游給饌
便殿
召對而議奏章則
宣廟
孝廟之於諸臣焉蓋嘗讀
三朝聖諭錄及儒臣所紀載而想見其精神氣
象融浹周流謂非

昭代之盛事曠古之嘉會哉迨我
皇上以
上聖之資
嗣大歷服
首親儒碩日
御經筵
召見輔臣于
平臺燰閣而
奎章宸翰備極褒嘉一則曰汝作舟楫一則曰

爾惟鹽梅
寵錫駢蕃接遇隆渥一時意氣感動凡揚英舒
翹逖聽垂聲者莫不洗濯淬厲樂觀
盛美猗與休哉我
皇上遇臣之心固即
二祖
列聖之心矣乃二三師保仰承
倚眷殫竭忠誠
帝鑑有圖獻可替否之箴也臣職有屛知人安

民之謨也至如因事納說隨時啓沃弼贊

聖德黼黻

聖猷即都俞吁咈之盛曷以加焉是之謂

上以心體其臣而情忘於勢分之外下以心說

其

君而道隆於一德之孚所以對揚

先烈而綿

國家億萬年無疆之休者端在是矣抑愚猶

有聞焉勤始而慮終者哲王所以圖永也

憂治而危明者蓋臣所以防漸也即虞
三代之時德已盛矣而臣之告其君者不
曰罔失法度則曰罔或不勤曰王敬作所
不可不敬德規警之意何懇切耶治已至
矣而君之戒其臣者不曰予違汝弼則曰
勑天之命曰各守爾典以承天休勉飭之
勤豈過計耶蓋治不難於治而難於終而
憂勤得之者未有不以佚豫失之此帝王
所以兢兢業業交相儆戒不容已也今

天子勵精於上公卿和衷於下正保邦制治之
時而無復鮮終之慮者顧處泰者危城復
居豐者戒日中事固有伏於幾微幽眇之
間而不可無圖大爲艱之計省正
君相之所當惕然加意者也誠能
覽典謨之遺訓鏡理道之要源防逸欲之微
萌遵慎終之令軌不以時旣治而忘兢惕
之勵不以
主旣聖而替獻納之規則

明良胥慶久而益孚協氣薰蒸遠而彌暨

洪龐峻偉之業

昌明熙皞之化寧不比隆唐虞而陋視漢唐

宋于不足爲也哉愚生跧伏草茅涵濡

聖化久矣區區芹曝之忱無由自達敢以交儆

之義爲

今日獻

第二問

魯演

同考試官教諭脫　批　曆數之難言也久矣子墨
旁通今古考驗精詳所謂知天之學者非邪

同考試官教諭陳　批　能悉
昭代故事足稱博洽未歸重
君心尤見忠愛取之不徒以其文也

考試官教諭李　批　見善言曆法者

考試官學正陳　批　理數明晰錄之

天道有自然之數有本然之理躔離朓朒
遲速隱見天之數也盈虛消息與時偕行

天之理也天運至渺惟數可以測其機天
道至妙惟理可以窮其數理因數顯數從
理出二者蓋相倚而不相離者也知理而
不知數則失之迂知數而不知理則失之
誕善言天者亦惟于理數究心焉爾矣書
曰欽若昊天曆象日月星辰敬授人時是
王者所重也神農以前尚矣黃帝考定星
曆正閏餘五官各司其序故神降之嘉生
民以物享堯復重黎之後立羲和之官明

時正度故陰陽調風雨節茂氣至民無夭
疫舜察璿璣以齊七政三王之正若循環
凡以重乎此也自昔談天文者不一其最
著者三家曰周髀曰宣夜曰渾天宣夜有
其名而無其狀不可考矣周髀之術以斗
極為中日月為附分遠近隱見為晝夜似
矣而考驗多失渾天之說以地居天中天
包地外圓如彈丸形體渾然最為得之今
考其術天覆地上見者一百八十二度地

下亦然北極出地三十六度常見不隱南極入地三十六度常隱不見嵩高正當天之中極南五十五度當嵩高之上又南十二度爲夏至日道又南二十四度爲春秋分之日道又南二十四度爲冬至日道其去極度數可考而知也秦滅六國浸失其傳漢與黃龍見瑞武帝攺元唐都分其天部洛下閎運筭轉歷攺顓頊爲太初然後日辰之度與夏正同復得閼逢攝提格十

一月甲子朔旦冬至日月連珠合於牽牛
之初大小無餘其曆元可坐而致也唐用
崔浩戊寅元曆後因推步浸踈李淳風乃
增損皇極曆爲麟德甲子曆行之數年日
食靡効高宗復命僧一行更造新曆遣太
史南宮説測日晷極星于河南夏至日中
陽城晷長一尺四寸八分夜視北極出地
高三十四度十分度之四南北相距三千
六百八十八里有奇晷尺寸各有差此大

衍之曆所由以定而二十三家盡廢矣宋
錢樂鑄銅作渾天儀衡璣徑長各有尺寸
轉而望之知日月星辰所在即璿璣之遺
也歷代因之其法漸密在外曰六合儀上
刻十二辰八干四隅以準地面背刻去極
赤道度數以爲天經天緯上下四方於焉
可考在內曰三辰儀亦刻去極度數外貫
天經之軸內挈黃赤二道日月星辰於焉
可考而最內又有四遊儀亦如三辰之制

東西南北無不周徧占候之法盡于是矣但天運不齊而器數有定盈縮朓朒之間遲留疾伏之際有巧曆不能窮其算而推步一差名實乖戾寒暑反易歲功不成矣葢三百六十五度四分度之一其常數也天運常有餘歲運常不足天度常平運而舒日道常內轉而縮天漸差而西歲漸差而東其勢然也故日與天會而多五日爲氣盈月與日會而少五日爲朔虛合氣盈

朔虚而閏生焉三歲一閏五歲再閏積十
有九歲七閏則氣朔分齊堯之所以定四
時成歲功百工允釐庶績咸熙者有由哉
歷年滋遠推步漸差東晉虞喜始立歲差
法約五十年退一度何承天以爲太過倍
其年而反不及劉焯取二家中數七十五
年爲近之然亦未精密也自今考之堯時
冬至初昏卯中日在虚七度漢元和三年
冬至日在斗二十一度晉太元九年在斗

十七度宋元嘉十年在斗十四度唐開元十二年在斗九度之半統天曆在斗二度授時曆退在箕十度夫虛北方之宿日躔北陸在玄枵子位箕東方之宿日躔東陸在析木寅位去堯未四千年計所差已五十度天運從可知矣至元郭守敬許衡輩始測景驗氣取二至遠近日晷酌中變通以至元辛巳爲曆元減周歲爲三百六十五日二十四分二十五秒加周天爲三百

六十五度二十五分七十五秒强弱相減差一分五十秒積六十六年有奇而退一度上考往古則每百年長一下驗將來則每百年消一可為簡易精密補前人之所未備矣我

太祖高皇帝乆在兵間熟知乾象

臨御以來孜孜講求首置太史院尋改欽天監徵元張佑郭讓鄭阿里等十數人議曆法占天象凡日月星辰風雨氣色之變靡不

占候雖堯欽舜察無以過之所
神明天縱又有非疇人世業所能窺測萬一者
觀其
論日月五星之行消曰天左旋日月五星皆
右旋二十八宿經也附天體而不動日月五
星緯乎天者也嘗於天氣清爽之夜指一宿
為主太陰居是宿之西相去丈許盡一夜則
太陰漸過而東矣論辛巳甲子曆元之異則
曰二統皆難憑只驗七政交會行度無差者

爲是故其定曆斷自

聖心度越千古用洪武甲子爲曆元新一代之

偉制然其積分實因勝國授時之舊它若

置四輔官以司時令製觀星盤以察天文

清類分野

詔賜

諸王遇有祲祥

手勑諸將眞動中玄機而與天合一矣

列聖相承時謹

天戒造渾天簡儀分九道圭表作晷影堂以便
窺測調品可謂備矣顧自至元辛巳至洪
武甲子積一百四年以曆法推之得三億
七千六百一十九萬九千七百七十五分
每歲差一分五十秒約七十年差一度擬
之六十六年差一度法稍有未合自洪武
甲子至正統巳巳積一百六十九年冬夏
二至晝夜各六十一刻至正德戊寅積二
百三十九年合差三度有餘故日月之食

時刻分秒起復方位多不協博士元統所謂年遠數盈漸差天度者今益驗矣杜預曰陰陽之運隨動而差差而不已遂與曆錯歐陽脩曰事在天下共易差者莫如曆故由黃帝以來訖于秦凡六改漢凡五改魏晉隋凡十三改唐及周末十六改宋至南渡十八改金元凡三改豈樂為是紛更哉亦以宿度之靡定天運之不齊故耳則夫隨時脩改以與天合者不有在于

今日予顧曆有聖人之德六而治曆不可不擇者三專門之裔也明經之儒也精算之士也漢太古未遠象緯家傳武帝廣延宣問以理星度猶曰未能今無其人是可輕議之哉愚以為許衡郭守敬所造簡儀仰儀諸制具在方策或可倣而行之而不登其臺不測其影則亦空言無當而已今宜廣集疇人子弟擇其通曉本業善於推算者於冬至前詣觀象臺晝夜推測日影赤

道黃道中星分秒日計月書至來年冬至以驗二十四氣二至二分日月交食合朔弦望躔離之次及昏旦中星七政躔度紫氣月孛羅候計都之類視元辛巳以來有亡舛錯以定歲差又延訪四方耆碩之士求如能知曆理之楊雄善立差法之邵雍以釐正其度俾晦朔弦望不失其節分至啓閉不爽其期謂非參贊之一助與雖然此星官曆家事耳春秋圖曰仁義之道曰

月循緯稽命徵曰作樂制禮得天心則景
星見是其本又在于
君心而已故王者脩德行政則二曜貞明親賢
遠奸則三台煇爗刑罰清而貫索空言路
開而執法顯雲物呈祥蓂莢荐瑞太史將
不勝書又何占驗之足云

第三問

張自立

同考試官教諭姚　批　以程朱之學析衆羣言

謂得指歸矣

同考試官教諭張　批　考覈精詳準裁允當而結

語尤見警醒

考試官教諭李　批　條答明悉

考試官學正陳　批　學識俱到

識聖賢憂世之心而後可以言述作明諸

儒術道之功而後可以折羣言聖賢何爲

而憂世也道在我而不得行又懼其不明

也則世道之不淑吾與有責焉是故不得

已而立言爲斯世計也諸儒何爲而衛道也道在聖賢而其言與其人俱往矣則聖經之不傳吾亦與有責焉是故不得已而有言爲斯道計也以此心而尚論往哲則述作之義以彰以此心而考衷羣籍則衆言之淆以定孔門傳授之法有自來顏曾思孟之書不必辨濂洛諸儒之統得所宗而聖學王道之全可槩見矣玆非明經術翼治道之大較哉今夫道原于天地而管

于聖人聖人在上其道行聖人在下其道明故經術治道相爲表裏聖人所以維世立教自堯舜以來至于孔子一也嗟夫孔子豈不欲行道哉周流轍環之跡莫能容憫天悲人之心無所寄然後退而與七十子之徒取古聖人易詩書春秋禮樂之文而贊脩刪定之所以爲天地立心生民立命繼往聖而開來學非得已也當其時親相授受若顏子得之爲四勿曾子得之爲

一貫再傳于子思而爲誠明性道之教私淑于孟子而爲知言養氣之學心法之傳如斯而已由是觀之述作豈聖人意哉夫何王迹既息世教漸漓聖遠言湮經殘籍廢諸子百家者流又得以乘其散佚而歷亂之學者不幸不見聖人之全經而又不能得聖人之心家師其學人私其見羣議紛出列傳迭興蓋自漢唐以來至于宋而已不知其流宕之所歸矣若非天啓斯文

程朱繼作表章六籍推尊孔孟則衆言之亂靡所折衷其何以爲吾道之準的後學之依據哉故就明問所及者而論辨之四賢得道之正宗其書未可續也然徐達左誦法顏氏編輯成書而不知荀楊莊列固聖門所麾也采而集之果能以比德潛龍步趨夫子若復聖之微言否乎林愼思欲廣軻書演續二卷而不知外書四篇固晁氏所病也飾而增之果能以包羅天地揆

敘萬類若趙岐之贊述否乎是二書者已不足以傳信矣則曾子十八篇隋唐以來已逸其八而天圜諸篇未必非漢儒依託之詞也子思二十三篇潛溪之解已得其當而孔叢子所記不過牽合附會之見也如是而可謂出于二賢耶四書六經之管鑰其義未易精也然揚雄王通作書以準論語而法言未必其可法中說未必其得中況以董常之賢跡之如愚曹植之節方

諸三讓安能免失貌之誚乎溫公泰伯著論以疑孟子而一則誤取伐燕之事一則不知註疏之義況謂可無孟子不可無六經可無王道不可無夫子安能逭不智之譏乎是四子者已不滿于君子矣則子部之解中庸而賛天命爲可貴收性道爲巳物學雖有傳不無倍其師說矣本中之釋大學而以有先後爲粗迹無先後爲妙道學雖近正不無病于支離矣如是而可謂

有所發明耶夫漢儒吾無論巳王通教授河汾囿常以道而自任者而猶不知擬經之失則諸子之謬妄亦何怪其然也唐亦無論巳司馬氏與二程同時囿常上下其議論者而猶不知疑孟之非則張呂之著述又何怪其然也要而言之聖賢之言非得巳也故作者之謂聖述者之謂明其言固所以載道也諸子之言非不得巳也故述者靡所得作者靡所補其言適足以病

道也據其用心之勞雖椎必無千慮之得究其指歸之極實難以語羽翼之功是故達左所編圖二李所揖讓而于潛心仲尼之學果何所裨益也慎思所輯固王充所愧屈而下顧學孔子之志果何所發明也曾子大孝之篇特一貫之遺言耳而豈能善發曾子之蘊乎檀弓居喪之載特聖學之餘裔耳而豈能眞知子思之心乎校書投閣者不足道而甘心僣王之責安在其

爲究極于夫子耶叛經非聖者不足道

而不取性善之說安在其爲鳴正學于涑

水耶張氏雖學出龜山而未窺性命之藩

籬呂氏欲超悟格物而不知用功之次第

之數子者其言固未可盡廢而于道則槩

乎未聞也果足以翼經傳而論功能哉洙

泗源流萬古一日不有先覺孰開我人是

故太極一圖直接孟氏不傳之秘默契道

體者非濂溪乎吟風弄月便有吾與點也

氣象受學茂叔者非明道乎父兄師友敬
義夾持伊川所以達天德也折衷羣儒身
任道統考亭所以集大成也善乎西山
有言曰孔孟之道至周子復明周子之道
至二程而益明二程之道至朱子而大明
是以傳義出而六籍昭集註成而百家廢
撮其大指若揭日月而行天也要其同歸
若符左券而取質也起斯文于未墜覺來
裔于無窮考前王而不謬俟後聖而不惑

衛道之功于是爲大而視前數子者之所述作又不啻太陽之於爝火雷鳴而鼓缶之矣方今家傳孔孟人誦程朱而況

國家二百餘年造士作人之盛罔不繇此則指歸所在人人能辯之奚足塵下問也意以今之論學者人異其議猶未能以折其疑乎噫務廣博者迷本原哺糟啜醨之類也不務窮經而屑屑焉攻傳註之非者又操戈入室之徒也其于失道均也道術不

將為天下裂乎夫道術不明則人心不正
末流不禁弊將何極故明道術以正人心
本經術以濟實用此內聖外王之學而其
機則在
聖君賢相加之意焉爾
第四問
謝三詔
考試官教諭李　批　陳問復辯易如指諸掌
考試官學正陳　批　議論明悉

今之爲漕患者莫如河故智士才臣相與持籌而畫策者亦莫急於治河而執事乃以試諸生顧諸生業鉛槧者見以爲計畫無所之耳雖然請効其略焉大抵治河之決因其性而導之易逆其性而挽之難治河於漢之世易治河於今之世難何者其時與勢使然也夫河出星宿踰崑崙九折華夷雄視四瀆抵積石數千里至汴至淮又數千里其來既遠則其注必怒故神禹

導河自大伾而下則析爲二渠自大陸而
下則播爲九河然後其委多河之大有所
瀉而力有所分而患可平也此禹之治水
水之道也自周定王時河徙砱礫遂改其
故道九河之迹漸致湮塞其在於今直以
一淮當之矣流未有所分而力未有所殺
故河之患與漢特無異也漢自元光建始
閒河嘗數決一時智謀之臣竭思揆策在
汲黯鄭當時則主塞在馮逡則主疏在李

尋解光則欲聽其自決以觀水勢賈讓則欲徙民居放河入海言人人殊矣而丘文莊則獨稱賈讓今其上策具在也第今施之今日將不計左失當哉何者漢之治河惟避害以安民今之治河兼利漕以足國其時異也故曰治河於漢之世易治河於今之世難也夫其資河以利漕也不能不引而東東則會通河在焉歲漕東南四百萬粟充實

京師天下之咽喉也欲障而南則鳳泗之間
祖陵在焉王氣所鍾天下之根本也故河注
國朝南不可使臨鳳泗北不可使穿濟博惟
由懷孟梁宋北入徐呂斯爲萬全而河之
性固不可必也故自古治河之難又未有
如今日之甚者嘉靖中河由曹之新集經
宋達徐由小浮橋入洪其後河漸北徙建
瓴而下勢逼會通而新集故道遂淤二百
八十餘里皆爲平陸而蕭碭之間半成巨

浸此其害不獨在民且移之
國計矣故議者以爲故道不復則北徙之流
難挽水勢不南則漕渠之梗叵測計且開
復故道以疏上源用垂永利是謀國之大
忠也舉蕭碭之赤子而袵席之是拯溺之
至仁也憂其必至防其未然是先事之遠
識也計無便於此者而或者曰財逾百萬
不可謂不費數十萬人作不可謂不勞聚
師野處調停一不當患在肘腋不可以不

備固宜廑執事之深慮也顧愚聞之成大
事者不惜小費使故河而必不可不開開
而能保必無他決即捐數百萬之費
國家何惜焉縱
內帑不可繼
祖宗深仁厚澤培養二百餘年豈無好義以急
君上者漢武帝之塞瓠子避河害耳而沈璧負
薪猶然爲之今運漕人計胡吝費也且令
數十萬人饑者得食急者得錢如趨赴於

田逐貨於市仰給而有籍則於役民之中而寓救荒之法其何勞之怨焉故以流民爲慮者計過也以衆屯聚約束誠難請倣部伍法隷之以隊統之以長畫地而居分功而作如身使臂臂使指輻輳而得所歸而又董率得人撫綏有道其何衆之難御故以聚衆爲慮者亦計過也乃區區之見固有說矣夫避高隘而趨卑曠者水之性也朱熹氏曰禹　治水只是從低處下手

言其順水之性而不拂也今新集故河淤高且大餘矣欲挽其榷流舍彼趨此則性所甚拂也地形既高非開濬深廣不能引水之入而議者謂微開一線令自衝刷則理不可萬也衝刷既難其勢不得不資於築壩遏使歸渠然以數千里湍悍奔潰之河於驚濤怒浪之中而欲塞其中流即費帑復生未有能濟者也則功不可必也即幸而成矣而遷徙靡常終難强捍將塞者

必復決而開者必復淤蕭碭之民未必安
枕而梁宋之墟且魚鼈矣宋仲 脩河決
淤崇間東北流患孰輕重司馬光曰兩地
皆吾赤子然北流已殘破而東流尚完議
者避之援古酌今何以異此則又心之所
不忍也歐陽公謂黃河已棄之故道自古
難復迄今號為知言蓋勢之所趨非人力
能挽彼固有以處此矣是故捐天下之財
驅天下之力以填無益之壑非計之得

愚故曰順其性而導之易逆其性而挽之難也夫水性既不可挽則故道必不可開故道既不可開則北徙將無窮已及今不慮將來之患且十百此矣然則何如而可哉夫登高而望則視者遠順風而呼則聽者廣得所因也跡平陸則難爲功就新衛則易爲力順其勢也北陳一帶地下而水趨故爲今日計誠無如濬北陳便者宜稍俟秋深漲水伏漕量度土宜相機疏濬則

罾之法不可不講也鼠蟻細穴獾蛇深竅水入防潰害大而憂長矧河干邨落數苦離析增卑倍薄庶杜傾圮則隄防之固不可不豫也黃河遷徙倏忽加以伏秋霖潦風濤怒號則橫潰迅奔疾若風雨爲隄千百里咫尺之地罅而是千百里者皆隄矣故防守宜嚴也沿河護隄全資捲埽一埽之費動幾數金委用非其人而侵漁乾沒弊且百出矣故河官宜擇也古者天子

遣重臣寛之文法假以便宜捐金萬斤不問所出侯有戍功不貲之賞不次之擢弗靳焉今舉事一不當斤斤三尺士且從旁橈之矣何以作其氣而底乃成也故委任宜專也今

聖明御極銳精政理掄簡大臣經略河漕任之專而責之重以故殫忠集思悉力區畫數年間河稱安流運道無阻登上下矣即或有決亦在當事者隨時制宜因勢利導隨

決隨塞使不至爲運道之梗已耳他何知

哉狂瞽之見如斯固知無當於大計也

第五問

崔斗瞻

同考試官訓導郭　批　商確善後事宜悉中肯綮

東南救荒計無踰此舉而措之可也

考試官教諭李　批　區畫精當若身履其地者

考試官學正陳　批　卓識長慮具見此篇

執事惻東南之災深根本之慮篤鄰國之

恤抱由己之痛惻然發策諸生圖所以拯
元元紓
上憂甚盛心也諸生適有天幸私膏澤之門無
所困曷寓目而對雖然亦有槩於中矣敢
略陳其愚夫災疢之來非聖世所諱也堯
洪水湯大旱不爲非災矣遠者九年近者
七年不爲非久矣然而民不捐瘠者由所
以蓄之豫也至周之隆養道大備周禮長
官歲獻民數穀數冢宰以三十年之通制

國用量入爲出三年耕有一年之食九年
耕有三年之食三十年耕有十年之食而
又有遺人掌鄉里之委積以恤民之艱阨
縣鄙之委積以待凶荒廩人掌九穀之數
以歲上下數邦用以治年之豐凶而又有
大司徒以荒政十有二聚萬民其蓄積甚
富計度甚周拯救甚善故卒有旱乾水溢
民亦不捐瘠以所以養之豫也夫治國如
治家也其素封者耶咼歲稷之足虞彼其

居平不能饘粥而倉卒奚食也則豫與不豫之辯也自時厥後救荒之政大略可觀矣有區畫於平時者如平糴之法糴則視歲稔以為等糶則視歲饑以為則魏李悝之所創也常平之倉穀賤則增價而糴以利農穀貴則減價而糶以濟民漢耿壽昌之所建也義倉之法使王公以下輸穀賑民始於唐戴胄而宋祖之所增脩也社倉之法酌戶上中下入粟充賑昉於隋長孫

平而宋朱熹之所請行也措注於臨時者
如河內凶則移民河東河東凶則移民河
內惠王之行於梁也關中饑則徙民蜀漢
山東水則徙民關西高武之行於漢也丞
相而下悉入穀助貸漢宣帝之詔也空名
度牒付兩浙鬻米宋神宗之令也此其於
救災恤患非不皆懇惻周至矣然徒以帑
藏空虛智力窮詘或施於一隅或行於一
時利害無常得失相等諸倉之規制尚可

尋而數君之陋洎不足襲也洪惟我
朝建
制立法具倣周禮天下郡縣咸有預備雖廩人
之掌九穀不裕於此矣鄉有四倉雖遺人
之掌委積不豐於此矣一聞災傷輒行蠲
賑雖大司農之聚萬民不勤於此矣
列聖相承靡不注念至我
皇上躬
聖德復

麻運

力行節儉

講學親賢七年以來協氣訢鬯歲成蜡通世戶

登于上康史恒書其大有矣頃者大江以

南霪雨爲潦湖海漲溢田不可禾蚩蚩之

氓計出乎無聊徒手而相攫有司言狀

上亟恤其困者而論法其無良者

鴻恩廣被

仁武並燿眞足以轉災爲祥噓枯而回之生矣

執事曰奚策而民霑實惠又奚策而消後
虞也則愚請先言賑法而徐及於永圖焉
夫發倉廩賑貧窮闓澤也損上而益下大
惠也有如饑者不必賑賑者不必饑
皇仁之謂何而使有不均之嘆乎則受粟之户
當覈也漢詔之下山東也父老涕泣往觀
願須臾無死以蒙德化也今
明詔所稱近者枵腹而待所遠者踰躧而趨之
矣遐陬僻壤孤寡羸病之夫不有匍匐嘆

息趾欲舉而行不前者乎風雨饑寒不有遂轉溝壑而不霑一粒者乎則就賑之法當徧也吳一大都會也其人儇而好利其府史胥徒之役輕犯法而習欺公假令因緣爲奸攬名籍以肆侵歷嗷嗷之民奚所須以得食乎則任人之術當嚴也今之富民昔之佃貧民而坐收其什一之税者也權子母而息之者也民至此極矣猶有挾葢藏以射利非所以彰大公而廣同胞之

義也則官糶之令當布也夫救荒如救焚溺也揖遜而拱文徐行而拯溺其無益於蹈水火者明矣故倉皇迫切之際疾呼籲號之時指顧呼吸關其向背舉手投足用爲輕重才臣智士之所優爲而愚之所不能遙度而臆計者也愚之所欲言者乃在於圖既寧而虞後災者也白東南財賦甲天下而民頑者不肯輸歲歲程之戶戶而括之所逋負寧啻巨萬大司農披簿而

督治粟之使者治粟之使者揔籌而督郡縣而民力有所不能辨也何則地不如畔而室家不加盈也被災以後謂宜酌所謂帶徵者蠲除有差嘉與更始民其或有瘝乎又聞震澤之水三吳之所濱而共之者也環澤而山者泉則注之聯澤而川者水則注之夫下不洩則上泛濫固宜有九河之播諸道之洩也乃其入海之道如劉河黃浦吳淞白茆諸處

皇上方

特勅臺臣督治之學已見成效矣然非百方疏導多爲之委寬假歲時期以底績能必其消釁滌而臻求利乎張官置吏所以爲民也地方瘡痍之餘撫摩愛養非茲司牧者之責乎脫有武健齦齕曠業者將奚之賴焉足長吏之當簡也語曰鳥窮則啄獸窮則攫馬窮則佚勢無所之賑恤雖下豈必人人飽乎必且有轉而爲盗者紛

盜愈橫民愈窮法之是甘心於流離之

殍而不察其困謂宜特時宣

上德意撫循勞來嚴法制明禁人以民無令

聚聚易爲亂亂則不可復制也且夫臨變

應猝使民不擾者安集之鴻略也設不然

之畫非時而早計者經國之遠猷也有不

然之畫然後可以無猝然之變愚之所以

策東南者枝止此矣嗟乎議薄恤則難爲

下議厚䘏則難爲上微獨東南也中土之

民脂竭於日衍之
宗藩而力罷於差役之黃河矣且雨暘寒燠
造物者有常主乎思昔堯湯之代成周之
盛漢唐以下之諸君規爲制度亦略可鏡
也執事念此至熟矣其奚以幸中土焉

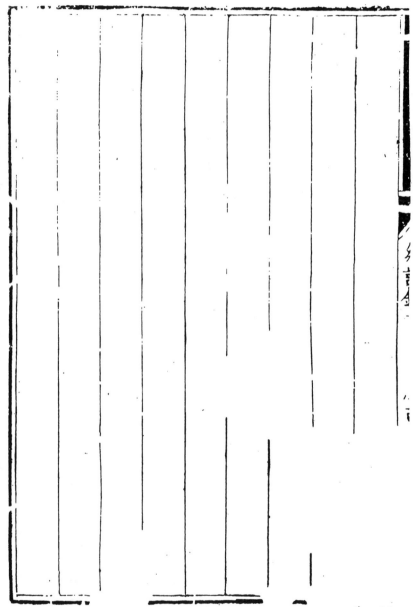

河南鄉試錄後序

萬曆己卯豫當舉士於鄉錄既告成不佞發廼颺言曰在昔隆古之世分畫區宇肇建九州釋者謂河當天地之中常安豫也故謂之豫產亦願聞豫

豫者莫辨於孔子

武道德九經之指不……全矣

而要其歸曰凡事豫則立不

豫則廢豫之時義大矣哉夫

毛羽未豐不可以高蜚學術

未備不可以適用士而伏圭

篳屈首受書居自負其有固

囂然誘於冥已知也假令離
蹠釋蹻屣采錯事而弗豫其
具則人將謂何善射者中楊
葉於百步之外而正體審志
實在未發之先 人不問塗
而適越望冥山北 捺
暴竟中道迷惑徧合

不豫其得失蓋自

嵩河降神人文飈　不爛

焉史冊不暇黽　其最著者

三代而上宜莫如阿衡三代

而下宜莫如諸葛武侯阿衡

樂堯舜之道於莘野一旦釋

耒耜應子　殆則造商革夏比

躅動華卽共所誦讀靡奓辭
也武侯南陽布衣耳隆中數
語決於立談之頃卒之跨有
荊益重光漢祚若操左券無
不讐者何以　其豫也
主上神聖凌軼殷商　天季
諸士尙友伊葛徘徊

陽之墟攬遺風而讀
無豫哉
國家飭功令厲學六 士占一藝
輒羣聚陶鎔之鼓篋而游側
弁而哦非若畎畝躬耕之勞
瘁也其養之可謂甚豫賓興
論秀搜羅郡國方聞無論蹤

邃奧深卽駢列賢書以雲

使非若五就三顧之難合也

其求之又可謂甚豫以上之

豫於養且求者如此而士顧

不知所爲豫得無負隆際而

媿往喆乎不佞故[illegible]……上之

豫之也幸自盟于[illegible]

9995

共吾
君何以鳩吾民何以 垂
竹帛一德左右吾何以不爲
伊澹泊寧靜吾何以不爲葛
可崇可庳可常可變可難可
易可遠可近而不可奪志斯
豫之義倂矣其或談姱節而

履厯行陳　我甚高施之無當
是周朴冒璞也藉詞章爲筌
蹄希世取寵所養非所用是
衛鶴乘軒也夫周朴衛鶴豫
人士蓋羞稱　不幸類是
而第以豫產白　矜代
爲豫耶不佞因茲夻

抑諸士之所效於
也主司申告諸士曰
其言者亦言也已既以空
言疑士士儻亦以空言視主
司則不使之懼滋甚何辭之
與有雖然阿衡胼胝鉏櫌生
微矣乃欷耕談皇王之業其

不駭且笑者幾希武侯抱膝
長吟自比管樂時人莫之許
也蓋龍淵以剸割而珍驊騮
以馳騁而重士郎魁壘卓犖
未有不試而人信者惟克自
表豎信其言斯人从而信之
耳故語有之雖有貞女不[illegible]

醮戒非過計也雖有賢智不棄芻蕘非過聽也一縣承乏何敢擬醮戒竊自匕於芻蕘諸士最哉惟毋視爲空言過聽之而得其所謂豫則異日者即見譙以過計不佞固訢然甘之矣

山西太原府太原縣儒學教

諭李　發　謹序

雲南鄉試錄序

上卽位七載己卯秋天下復當大
比士于鄉御史劉維奉
陛命按雲南得監臨簾內外事簾
以內以先期巡按御史帥祥
所禮聘教諭時孳覺彭師古
王時輔謝愼郭立之訓導莊

量楊秉鉞職考校簾以外則
左布政使方良曙右參政王
績之職提調按察使湯仰副
使歐陽栢職監試下至百執
事皆遴選分寘遵故事惟謹
而取提學副使劉伯燮所掄
士一千三百有奇鎖院三試

之拔儁四十五人幷梓其文
以
獻 時 挐 以故事當序簡始序曰
昔言人才之興關乎地靈茲
地金碧蒼華之勝上薄紫霄
昆池洱海泓演不可際豈非
秀淑所鍾乎故自設科賓興

以來原本山川引美賢籍無慮數十見諸士誦往牒而思齊亦既飫聞之矣時摯鄙淺于道不能博大豈復有所更張其說以新諸士哉第于今幸從一日之雅願近言之而勿之俢焉爾夫諸士以文進

今天下
昌運載隆文治熙洽章縫擷管
揚議在所斌斌柄薦者慮華
盛而實衰恐無以象
上旨而端純尚也于是防厲言深
益縮然而不敢自信于多士
時孳竊謂此可槩論天下士

爾其于滇也不然時孳嘗讀輿誌滇故僻處西南壤由楚蹻開疆漢季置吏代取祿就覊縻而已俗不曉文字元和時許叔北業受五經歸以授其鄉里六詔始知學焉顧其時亦不過家擅私藝以倡導

耳目使人知所謂中華文物
之昭然爾非能程習其訓而
致之爲世需也我
皇祖闢造
區宇一旦
建序作人開
制羅秀士應期而起者雲蒸霞變

頓洗靡莫之陋久道化成
肅皇帝遂列專科待之至我
皇上在宥復從廣額而取之虞不
盡其材矣得非
聖德振發之神而人心善奮亦有
不囿于風氣者乎且其地險
遐四方遊談不至至于今通

經之子守師論而宗本旨無
邪說詖行以汨其心凡披服
效法而矢之詞者猶有
祖宗時敦庬純固之舊焉抑又幸
矣夫求之于昔士之無所緣
襲而興、旣若彼觀之于今士
之有所持循而恪又若此然

則語其華也固中省之所難而思挽其實也視中省爲獨易故閱諸士所爲文皆平正綜覈不墮邇歲奇詭空幻之弊誠克釋主司懼而爲
國家得人慶矣雖然此特其敷敘之言爾士固有先乎言而

後乎言者其念慮所根設施
所著遽能懸度而逆覩之乎
假使棄華就實矣率勉强脩
詞而非中心之安舉而措之
不足以治三家則又不若華
之爲愈也不見滇之所産以
爲世資者乎鑛金井鹽紫貝

蒼珉出深山而登大聚精爽
色澤照耀一時而無復韞孕
矣然金可以鍛璧可以琢貝
可以通有無珉可礪器具人
是以市而收之彼盤石土苴
豈不朴茂衆且揮之不顧焉
故士之言華而有適猶得為

華實而無當奚取于實今擬
諸士曰金璧貝珉則沾沾隱
喜曰盤石曰土苴寧不內歉
而羞居之苟或見諸躬蹈而
同異乃相反則詎惟物產之
不肖而人且謂今日求實之
說其謂何矣故諸士始陳道

德根極理要而謂之實中陳
法制上下典章而謂之實終
陳方略切中時務而謂之實
時孳不敢謂實也時孳所謂
實者舉如是之說一切效之
公家展采立節艱巨崇卑罔不
奏績而事詞允相顧焉則衣

之被體而始信其爲布帛食之果腹而始信其爲菽粟由是執此以病紈緹珍錯雖美而非以養生也誰曰不可哉書曰嘉言罔攸伏野無遺賢記曰事君先資其言拜自獻其身以成信言一也實之于

令日不過爲嘉而實之于異
日則爲成信二者不同若筵
與楹諸士子宜何處焉古述
帝德光天至于海隅萬邦黎獻共
爲
帝臣其敬應之遠若此令
皇上率崇汾穆垂

意本實卽陬澨巖穴阻深闇曶咸
麗于光明而翕然同風矣滇
雖距
神京萬里然士霑被
德教何至踈比于海之隅乎況其
初興起于
聖人之世其志慮貞靜視中省而

尤稱稟稟者乎茲列榮際
盛續食縣次而偕
闕廷行將莫不有爲臣之寄也
其尚始終一心言行一轍人
人務踐履其生平以仰承
帝德也哉夫是則庶稱滇之士華
而不靡實而有用時孳不佞

可藉口以復諸大夫而昔人所謂山川之靈亦或者其非漫也巴語曰欲正其影者端其表欲清其流者澄其源欲諸士之敦實當自時孳始故

于錄成解

貢之日不敢綺組高深以文其

說而直屬數語于簡端用明
告誡之意云是舉也鎮守黔
國公沐昌祚恩威奕世人士
傾從巡撫都御史饒仁侃保
圉宣猷右文振化拊揗所洽
興起爲深其綜理于外勞勸
共成則左參政李良臣右參

政李文續右參議駱問禮副
使徐可久劉翺鄭恭僉事顧
養謙胡僖羅良禎署都指揮
僉事江濬其圖成于始嗣以
擢任行則右布政使林烶章
僉事王希元葉憲以入
賀行則左參議羅向辰僉事詹

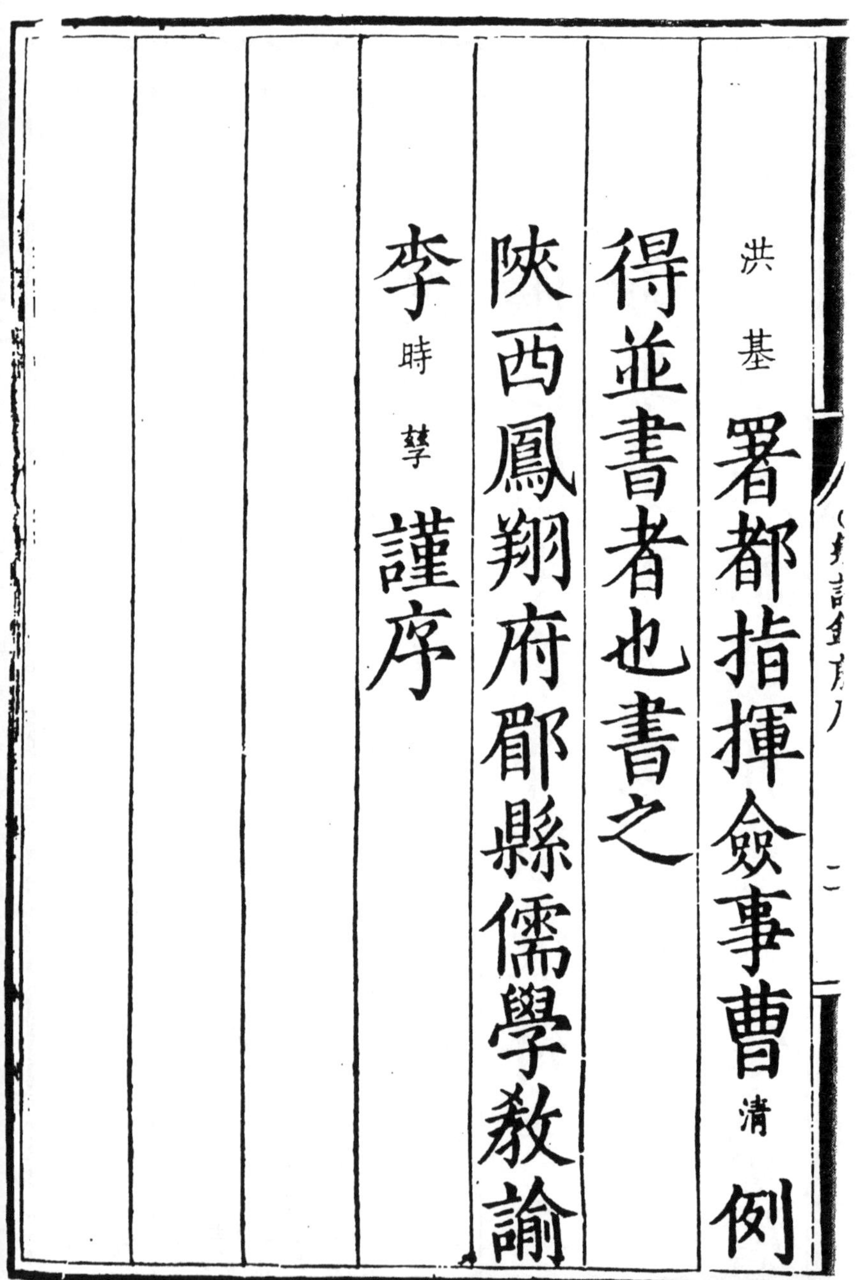

洪基署都指揮僉事曹清例
得並書者也書之
陝西鳳翔府郿縣儒學教諭
李時孳謹序

萬曆七年雲南鄉試

監臨官

巡按雲南監察御史劉　維　德紘湖廣江陵縣人　甲子貢士

提調官

雲南等處承宣布政使司左布政使方良曙　子賓直隸歙縣人　癸丑進士

雲南等處承宣布政使司右參政王續之　大卿四川南充縣人　壬戌進士

監試官

雲南等處提刑按察司按察使湯　仰　子山四川新都縣人　己未進士

雲南等處提刑按察司副使歐陽栢　惟承湖廣潛江縣人　戊辰進士

考試官

陝西鳳翔府郿縣儒學教諭李時孶（茂夫陝西洋縣人 丁卯貢士）

四川成都府華陽縣儒學教諭彭師古（永卿湖廣公安縣人 丁卯貢士）

同考試官

浙江嘉興府崇德縣儒學教諭王時輔（左卿江西臨川縣人 乙卯貢士）

江西九江府彭澤縣儒學教諭謝慎（以思湖廣石首縣人 戊午貢士）

浙江寧波府象山縣儒學教諭郭立之（道守福建晉江縣人 甲子貢士）

浙江台州府黃巖縣儒學訓導莊量（維宏福建同安縣人 庚午貢士）

四川成都府儒學訓導楊秉鉞（德威貴州貴陽府籍直隸溧水縣人庚午貢士）

印卷官

雲南都指揮使司斷事司斷事劉　通　亨甫四川越嶲衛人監生

雲南等處承宣布政使司經歷司經歷唐宗智　體貞四川茂州人監生

收掌試卷官

雲南府知府洪邦光　世龍福建同安縣人戊辰進士

永昌軍民府知府單　詩　以正河南固始縣人戊午貢士

楚雄府知府張廷臣　伯鄰廣東番禺縣人壬戌進士

武定軍民府知府辛存仁　體元貴州烏撒衛籍山東沂州人戊午貢士

受卷官

臨安府知府甘一驥 德夫江西南昌縣人辛未進士

大理府知府莫天賦 子翼廣東海康縣人壬戌進士

尋甸軍民府知府蔡民望 君任福建晉江縣人壬子貢士

姚安軍民府知府李載贄 宏甫福建晉江縣人壬子貢士

雲南府推官趙楷 憲吾四川犍為縣人丁丑進士

臨安府推官陳輔 廷佐江西廣昌縣人戊午貢士

彌封官

楚雄府同知吳應卯 子鍾四川內江縣人乙卯貢士

曲靖軍民府推官何鈺 堅之四川珙縣人監生

雲南府安寧州知州姚繼先 子敬四川成都縣人丁卯貢士

澂江府新興州知州張于京 振周廣東南海縣人甲子貢士

雲南府昆明縣知縣張志臯 汝諧貴州安南衛籍廣西全州人庚午貢士

臨安府通海縣知縣蔣養成 邦傑廣西桂平縣人丁卯貢士

永昌軍民府保山縣知縣楊文舉 直卿四川南充縣人丁丑進士

謄錄官

雲南府同知唐維翰 宗卿貴州普安衛籍陝西寧遠縣人丁卯貢士

大理府推官周于用 濟時貴州永寧衛籍江西寧州人庚午貢士

廣西府彌勒州知州李啓 子敎湖廣湘陰縣人乙卯貢士

大理府鄧川州知州陳時範　德閏青州普安衛籍直隸武進縣人丁卯貢士

雲南府晉寧州呈貢縣知縣黃宇　伯居貴州平壩衛籍湖廣瀏陽縣人丙子貢士

澂江府江川縣知縣徐雱　沛之廣西桂林護衛官籍直隸鳳陽縣人庚午貢士

臨安府蒙自縣知縣歐陽輝　仲明湖廣荊門州人甲子貢士

對讀官

楚雄府推官王惠　愛之廣西桂林中衛官籍直隸上元縣人戊午貢士

新化州知州蔣時材　惟成廣西全州人甲子貢士

雲南府昆陽州三泊縣知縣陳紀　惟脩四川內江縣人丁卯貢士

雲南府羅次縣知縣年衍祉　幼行四川巴縣人乙卯貢士

楚雄府楚雄縣知縣顧　閔 元孝貴州清平衛官籍江西南昌縣癸酉貢士

楚雄軍民府和曲州元謀縣知縣胡允平 定之貴州衛官籍湖廣湘鄉縣人丁卯貢士

巡綽官

中軍官以都指揮體統行事指揮僉事趙　璚 君佩應天府蓟州人

曲靖衛指揮同知朱萬年 永祚直隸江陰縣人

雲南右衛指揮僉事趙文舉 子儒陝西寧州人

臨安衛指揮僉事夏　表 汝敬直隸六安州人

臨安衛指揮僉事侯述文 師武直隸江都縣人

臨安衛指揮僉事李延之 壽卿河南羅山縣人

永昌衛指揮僉事木元瑞 用徵陝西狄道縣人

搜檢官

景東衛指揮使袁欽寵 承恩直隸合肥縣人

楚雄衛指揮使吳繼勳 允述直隸沛縣人

越州衛署指揮同知胡來賓 覲夫直隸桐城縣人

雲南左衛指揮僉事吳山 子靜直隸合肥縣人

雲南前衛指揮僉事葛廕祖 功錫直隸鸞州人

大理衛指揮僉事陳韜 濟時雲南太和縣人

供給官

雲南都指揮使司經歷司經歷呂　和　中節湖廣隨州人吏員

雲南等處承宣布政使司照磨所照磨曾繼先　若可四川酆都縣人甲子貢士

雲南等處承宣布政使司照磨所檢校王　思　學南四川石泉縣人監生

雲南等處提刑按察司經歷司經歷丘　泉　子克直隸嘉定縣人監生

雲南府通判余化鵬　應南四川內江縣人監生

雲南府昆陽州知州夏可漁　仲磐四川涪州人辛酉貢士

大理府趙州知州沈奎燦　伯文貴州前衛籍直隸吳縣人丁卯貢士

雲南府宜良縣知縣沈昌僴　裕德四川保寧所官籍直隸華亭縣人戊午貢士

雲南府昆陽州同知王　政　以德四川成都縣人吏員

廣南府富州同知楊宗漢　道東江西臨川縣人　吏員

雲南府經歷司經歷劉宗韓　紹琦四川簡州人　監生

廣南府經歷司經歷周　塤　伯和貴州鎮遠縣人　監生

雲南府經歷司知事馬應龍　子化直隸上海縣人　吏員

雲南右衛指揮使司經歷江　永　壽夫四川鹽亭縣人　吏員

雲南中衛指揮使司經歷劉嘉岳　子重四川璧山縣人　吏員

雲南府昆明縣縣丞周用畢　時亮四川中江縣人　監生

雲南左衛指揮使司經歷司知事胡世明　惟遠四川長壽縣人　吏員

雲南右衛指揮使司經歷司知事唐堯臣　汝愛湖廣武陵縣人　吏員

臨安府納樓茶甸長官司吏目張可大 汝化直隸婺源縣人吏員

雲南府昆明縣典史汪天佑 申之四川永川縣人吏員

雲南府滇陽驛驛丞楊通泰 時亨貴州平頭司人承差

第壹場

四書

子貢問爲仁子曰工欲善其事必先利其器居是邦也事其大夫之賢者友其士之仁者

唯天下至聖爲能聰明睿知足以有臨也

以德服人者中心悅而誠服也

易

天地養萬物聖人養賢以及萬民

其羽可用爲儀吉

子曰苟錯諸地而可矣藉之用茅何咎之

有愼之至也夫茅之爲物薄而用可重

也愼斯術也以往其无所失矣

巽者入也入而後說之故受之以兌

書

勑天之命惟時惟幾

惟暨乃僚罔不同心以匡乃辟

王省惟歲卿士惟月師尹惟日

弘敷五典式和民則爾身克正罔敢弗正

民心罔中惟爾之中

詩

三之日于耜四之日舉趾

君子萬年保其家邦

思齊大任文王之母思媚周姜京室之婦

大姒嗣徽音則百斯男

念茲戎功繼序其皇之

春秋

春滕侯薛侯來朝隱公十有一年

齊人救邢閔公元年秋九月齊侯宋公江

人黃人盟于貫僖公二年

公會晉侯齊侯宋公衛侯鄭伯曹伯莒子

杞伯同盟于蒲成公九年

齊人歸我濟西田宣公十年齊人來歸鄆

讙龜陰田定公十年齊人歸讙及闡哀

公八年

冢宰制國用必於歲之杪五穀皆入然後

制國用用地小大視年之豐耗以三十

年之通制國用量入以爲出

暇長也大也

移風易俗天下皆寧

外無敵內順治此之謂盛德

第貳場

論

人君所以端拱無爲

詔誥表 內科一道

擬漢舉茂材異等詔 元封五年

擬唐以裴度同平章事誥 元和十年

擬宋以程頤爲崇政殿說書謝表 元祐元年

判語 五條

官吏給由

禁止迎送

服舍違式

申報軍務
辯明冤枉
第叁場
策五道
問自古聖賢之君當鼎盛而撫盈成者莫
如周之成王其元良丕式對揚文武而
比隆堯舜後有作者不可及矣所以致
此者何由說者謂周公輔相之功居多
審是則亦以成王能信任之爾古人君

之好學莫如武王訪範受書而自席鑑
帶履以至於戶牖弓矛之屬莫不有銘
用心良密成王敬承繼體亦有得於是
與我
皇上紹統繼天大類成王而
好學過之
懋德廣業於茲七祀萬年不假卜矣
得於天者異耶輔相得人耶抑
啓佑之有自耶夫成王時重譯來朝其言謂海

不揚波意中國有聖人爾成王之所以

聖固未必能知之也今西南正當時重

譯之地我

皇上聖神功化不啻比隆周室而尊親者益遠

其視曩之重譯有同否與諸生涵濡

聖澤即在荒徼草莽詎同凡民必有見矣其揚

厲之使薄海內外知

皇上之所以聖顧不偉與主司者良深有望也

問儒者掉首談理道語治曾于從橫家容

一喙哉始者蘇秦游談六國語各險阸
積蓄甲士何嘗爽毫忽彼六國談人墨
士寧少而俛首讓功有以也今不暇遠
論姑以在載籍者與爾諸士論之山海
經始於唐虞間或云伯益作與禹貢有
互相發明者與禹貢載九州冀兗青徐
揚荆豫梁雍山海經言南西北東海內
外大荒何也禹貢載土壤貢賦道路山
海經言草木禽獸珍恠又何也嗣是有

作水經者起於何時何人所言水亦與
禹貢導水符與乃禹貢首冀州導山兼
水二經首南山崑崙何所見也或以山
名經水名經豈遂言山無水言水無山
與中間可指摘言者何在天下山起自
西南崑崙在焉水趨之雲南其首爲江
河衡華恒岱出宗爾諸生生長其間可能
考禹貢指劈二經當否以及爾土及今
天下疆域所宜否其毋曰存而不論也

問道術爲天下裂久矣振起而合倂之是在上之人焉司馬遷敘六家之指各有貶辭獨道家極其褒彼其言曰神太用則竭形太勞則敝又曰神者生之本也形者生之具也此其言不有合於吾儒性命之指與乃謂儒者勞而無功豈以儒爲無益于身心性情間也竊嘗惟中不害韓非者慘礉少恩遷皆歸本黃老以爲知道者韓非不能自脫于形神之

旨安在李陵之救遷且遘之乃其序太史公云習道論于黃子得道家無爲之統者固如是也今天下談道術大較有三曰道學曰詩文曰功名三者于六家孰近與孟軻氏專攻楊墨韓愈歐陽脩攻佛老見今之世無攻之者楊墨佛老亦未爲世大害獨道學家尚爲世訾詬豈彼二氏無可訾而此獨甚與將遂不能合而一之與

聖天子統一聖眞賢公卿輔弼其下一洗昔時游談之陋不攻僞學而僞學自息則崇實去名之明效也玆欲爾諸生剽剟諸家裁績要指其明著于篇

問自羲圖肇畫鳥跡傳文六書之法漸備文字之用日興於天下矣然上古聖人心學之精形之爲心畫之妙有幸存未湮者可指而言之與秦漢而下以及魏晉易繁趨簡古法變巳盡矣或者顧謂

鍾王新奇不失古意遂爲後世字學之宗其說然與有唐攻書者最力而惟用筆在心心正筆正之諫與風骨嚴勁堅貞不撓之忠表休而不磨是又德勝於技而非法書之徒長矣有宋善書者不乏之而惟作字甚敬只此是學之訓與論人之字必論生平之言著美而求光是又賢邁於藝而非墨妙之偏重矣可悉舉而評隲之與他若集衆體之大成登

書家之上乘殆近古豪傑不可幾也或乃訾其人品之卑不入比數豈別有所見與將無尚論之苛與抑律以古聖人心學之精心畫之妙不可以同年而語與六藝咸士人用工之緒餘若字則日用之不可離者多士其詳著於篇以觀博雅醇正之學

問滇南與中土竝也歷世滋多不可記已自五帝三王敎化不施不及以政漢唐

始置郡邑奉朝請然亦揃剽移徙叛服

靡常我

高皇帝掃胡定夏命將南征隨流而攘蕩平炎

徼遂使魋結卉服易爲冠裳二百年來

德教衍溢我

皇上光昭茂緒念軫遐陬禁有司貢金比士增

其常額斯民浸仁沐義詩書禮樂之化

蒸蒸巳說者謂南詔嘗得唐樂一部嘗

祀嶽瀆立官號得經藉六十九家則滇

之可用夏變也自古記之然輿方
今文教誕敷熙洽日久安攘之策所當講求
乃欲關交阯徼諸甸界烏蠻隱以陋院
其險何恃欲定卒伍于里陳軍政于郊
其賦何繇欲廣道以通貴蜀從何徑入
華人僰人何修以輯睦之流官土官用
何弛張而俱存不擾今天下連四海以
爲帶安于覆盂矧此殊方疏俗何足爲
一日之間然先備預防亦徹土未雨戒

襦未濡意也爾諸生悉達化方久應商
略其亦揄揚治理矢揭謨猶乎其盡言
之毋隱

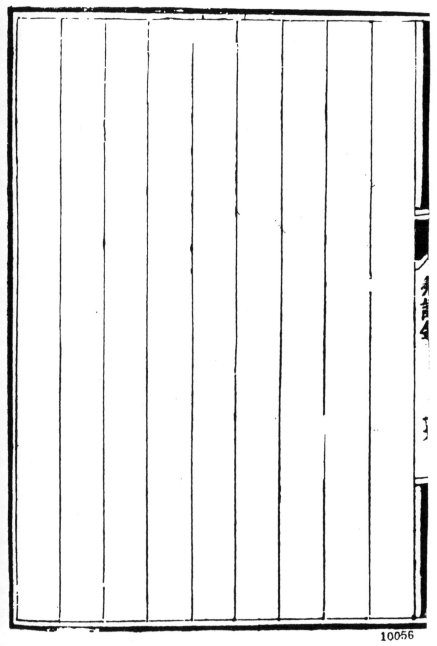

中式舉人四十五名

第一名王吉人　太和縣學生　易

第二名施朝恩　昆明縣學增廣生　書

第三名李仲文　太和縣學附學生　詩

第四名周禮　雲南府學增廣生　春秋

第五名魏烜文　臨安府學生　禮記

第六名李含錦　雲南府學附學生　易

第七名安祚　楚雄府學生　詩

第八名施電　安寧州學生　書

第九名張朝儀　雲南府學生　書

第十名王希堯　雲南府學生　易

第十一名錢崑　大理府學生　詩

第十二名阮鈺　鶴慶府學生　易

第十三名樊維价　永昌府學生　春秋

第十四名程章　保山縣學增廣生　書

第十五名葉中彥　臨安府學生　禮記

第十六名袁煥　永昌府學增廣生　詩

第十七名譚繼統　臨安府學附學生　易

第十八名朱運昌　雲南府學增廣生　書

第十九名李嘉會　祿豐縣學生　易

第二十名張大鶚　尋甸府學生　詩

第二十一名包見捷　臨安府學增廣生　詩

第二十二名徐繼芳　雲南府學生　易

第二十三名張希良　晉寧州學增廣生　易

第二十四名馬宗孟　蒙化府學增廣生　書

第二十五名張萬春　臨安府學生　詩

第二十六名楊令名　元江府學生　易

第二十七名石元龍　保山縣學生　書

第二十八名李紹基　永昌府學附學生　詩

第二十九名徐大賢　臨安府學附學生　詩

第三十名李應霖　太和縣學生　易

第三十一名楊燁　大理府學生　詩

第三十二名張進　澂江府學生　易

第三十三名蘇兆民　大理府學增廣生　書

第三十四名王寵　臨安府學增廣生　詩

第三十五名鄭登高　臨安府學附學生　易

第三十六名施溥　雲南府學生　書

第三十七名談三極　蒙自縣學增廣生　易

第三十八名吳珏　臨安府學生　禮記

第三十九名孫思順　石屏州學生　詩

第四十名董三畏　嶍峨縣學生　易

第四十一名薛繼茂　永昌府學生　詩

第四十二名孫啓謨　永昌府學增廣生　書

第四十三名馬明衡　臨安府學生　春秋

第四十四名劉東曦　永昌府學生　詩

第四十五名佴　禎　臨安府學生　詩

第壹場

四書

子貢問爲仁子曰工欲善其事必先利其器居是邦也事其大夫之賢者友其士之仁者

王吉人

同考試官教諭謝　批　發仁賢事友處絕不爲套

語宜錄以式無夢者

考試官教諭彭　批　意從心揚而辭婉到

考試官教諭李　批　平正通達

聖人示賢者之求仁當以仁賢爲之資也夫爲仁貴得所資也大夫與士之仁賢是卽器之足以善工事者可不知所以先之乎今夫仁道之體本以一心而全具爲仁之功不必一人而自成是故取諸人以爲仁善矣子貢之欲爲仁也而問其方焉夫子以其具通達之才而有不若已之悅將未足以成其仁也則教之曰君子之爲仁無以異於百工之制事也欲善其事以利

生民之用必利其器以裕先事之圖爲工則亦有然者矣而況於爲仁乎子之居是邦也於大夫而得賢者焉則思其備此仁而發之爲事業是不可以不事也必隆之以禮而外盡其敬感之以誠而內盡其心要非有所爲而失之諂也蓋大夫之賢本顯然示人以可仰而吾尊事之惟謹則嚴憚生而私欲泯天德之良將因之以常存矣於士而得仁者焉則知其志此仁而蘊之爲德行是不可以不友也必信義相篤而莫

之敢欺意氣相孚而莫之或間要非有所昵而失之比也蓋士者之仁本藹然示人以可親而吾締交之克善則切磋密而非僻融本心之懿將由是以渾全矣至是仁賢相資而仁以復不猶成器一利而事皆善者乎吁賜也悟此庶幾可以近仁矣雖然夫子嘗謂爲仁由巳也而又有資人之訓何哉蓋友不如巳學者所戒而仁賢則可以自益者也資其賢以自賢資其仁以自仁固有欲仁仁至舉之不患其不勝矣否則

以子貢志在方人而無事友之實其能體此仁
耶

唯天下至聖爲能聰明睿知足以有臨也
施朝恩

同考試官教諭郭　批
題本闊大此作閎肆中殊多排實一結歸重聖學士知本矣

考試官教諭彭　批
形容聖人君臨氣象得出

考試官教諭李　批
清諛婉暢

論生知之至聖斯裕於君天下也蓋大君臨御

天下其任至艱也非聖人具生知之質亦何足以臨之乎中庸之意謂夫天下至大兆民至衆必有首出之君以長之然後四海内外共向而取則也不觀諸以一人之人當兆人之人而爲天下之至聖者乎英資妙於性成知識超斯世而獨備美質由於天授聖神邁千古而獨隆聽無不聞也視無不見也凡具耳目者孰不有此聰明之德而至聖則唯天聰明之盡者矣虛無不通也靈無不覺也凡有心思者孰不蘊此睿

知之用而至聖則唯極睿知之精者矣是其氣稟極於清粹天下之所不能蔽也自以之宰制萬類而有餘精英徹於鑒觀凡民之所不敢欺也斯以之統理羣動而克裕聰則作之謀也明則作之哲也謀哲兼資將明照四海而微小之不遺矣其亶聰明而足以作元后者乎睿則入於聖也知則妙於神也神聖合一將智周萬物而治忽之必察矣其秉睿哲而足以備元良者乎是聖人備生質於一身本素具乎君臨之體

而天下仰聖人之在上自咸被其臨蒞之澤矣於此不可以觀天道乎雖然生質有臨此自人之視聖人言之耳非所以語聖人之心也聖人之心以務學爲急而不自恃其質以體道爲功而不自有其尊夫是以學懋而質愈充道純而聖益至天地以位萬物以育而配天之德尊親之頌有不期然而然者矣

以德服人者中心悅而誠服也

李仲文

同考試官教諭王　批　心悅誠服只是中心悅之自無不服子能分曉詞旨暢達

考試官教諭彭　批　認理眞而措辭確

考試官教諭李　批　條暢悅人

大賢即天下之應王德而原其心無所强也蓋王者任德不任力本感人以誠心也天下有不心悅而誠服之哉孟子謂夫古之大君知人心有不可欺之神而統御有不容僞之道惟順人心之天以治之至於人心之咸服在王者亦聽

之而已矣何則王者以德行仁則是其服人也因純王之心以立政而善政之所整齊自爾歸附之恐後推自得之真以敷教而善教之所漸涵自將推戴之無遺矣然要之人之服之也豈惟力之不贍而始然哉吾知王道之大通天下於一心而天下之起懽心以傾服者不假勉强之私王道之純合中外爲一體而中外之由真愛以仰戴者不俟强致之力若於其政而不忍悖卽以其心若之焉固非迹畏而心不服者也

此其一念尊王之義殆出於由衷之誠而不可
遏矣化於其訓而不忍違卽以其心化之焉固
非外合而內則離者也此其一念歸極之忱殆
根於至誠之動而不容已矣以是觀湯則不待
大而爲商之共主者民之心服於湯也以此觀
文則不待大而爲周之聖王者民之心服於文
也吁此王道之所以爲大而非以力假仁者之
可及歟抑論孟氏明王道而及民心敬應之誠
蓋有見於戰國之時霸術盛而民風漓故爲此

說以正之耳若王者代天子民必驗於民心之

咸悅斯可以知代天之責盡苟或望民之悅而

行巳之德方施其德而卽欲其應是有心以致

民而非無私之至仁矣是又王霸誠僞之微幾

不可以不辯者

易

天地養萬物聖人養賢以及萬民

王吉人

同考試官教諭謝　批　能重倫潔爲天地聖人養

10074

物養民之意殆盡

考試官教諭彭　批　純正清逸足以式士

考試官教諭李　批　詞不煩而意足高[illegible]允宜

象傳極言頤道而徵諸民物之兼養焉夫民物之多皆必得養而後遂也然養道之備其惟天地之與聖人乎夫子傳頤彖而廣之若謂卦之有頤也語其理不外於養正之善究其蘊則通於三極之全吾嘗於是觀之矣今夫語物之衆曰萬其類散殊而不齊孰能以養之耶惟天地

也職生覆以成象舉含生之品並育於徧覆之
仁專形載以成能盡肖形之微悉被以滋息之
澤以正性命以保太和而萬物各得其所若物
之自得於養也不知四時之吏五行之佐實天
地之所以宣其氣矣否則天地非妙合而凝也
庶物何由以露生哉語民之衆亦曰萬其類羣
生而無紀又孰能以養之耶惟聖人也隆大賢
以鼎食而資之共理愛養徧及於斯民優賢士
以重祿而任之輔治仁恩下逮於黎庶生以之

厚德以之育而兆民咸有所賴若民之自適於養也不知三公論道六卿分職固聖人之所以順其治矣否則聖人非急於親賢也民人何自而容保哉是知天地聖人以養道而通極於民物萬物與民以養道而取足於兩間於是可以見頤義之大矣雖然天地聖人固各有所養矣要之天地無心以成造化之妙聖人有心以成天地之能是民物暢遂動植生成聖人之對時育物又所以賛助化育而大成其養者也故曰

聖人終天地之功徵諸此而益信

巽者入也入而後說之故受之以兌

李舍錦

同考試官教諭謝　批　其思深其文雅非邃于易

者不能作取之

考試官教諭彭　批　明瑩暢達易義之優者

考試官教諭李　批　詞理俱精逈異諸作

觀聖學之所由以悅心易卦相承之義著矣夫

理必深入人心然後自得之趣不容已也此兌

之所以次於巽乎序卦之意若曰學之所以優入聖域者以其本於自得之妙而不事乎探索之勞也吾於巽兌相承之間殆有以識此義乎彼易卦之巽取義於入者也謂之曰入則是造詣久而意見眞心體之虛沉潛於天理當然之極涵養純而形迹化心思之運精研於物則自然之歸矣惟其所入之若是也夫然後理得諸心斯不苦其力求之難也而悅豫之懷自暢心契乎理斯不患於扞格之遠也而欣悅之感自

融學方未至而乘之以困心固未必其有悅也至是則入之於無間即居之以至安內境之妙合若有至美寓焉而油然其順適矣功方未熟而執之以衡慮固未見其能悅也至是則入之於有漸即契之於無心天機之活潑若有至味存焉而怡然其浹洽矣是蓋入先於悅悅之不可以徑造也故事心之功先其所當先爾而巽之先於兌者不於是而明乎悅後於入入之不可以或緩也故悅心之趣後其所必後爾而兌

之次於巽者不於是而徵乎然則夫子以是闡序卦示人以聖學之妙者至矣抑論學莫貴於自得悅也者固自得之地而爲學之成也然悅豈易言哉必如孔子之發憤而後悅必如顏子之卓爾而後悅必如曾子之唯一貫孟子之論深造而後悅不然入悅聖道出悅紛華卽賢如子夏君子將不謂之悅矣然則學者有志於悅亦當知所以從事乎

書

勑天之命惟時惟幾

施朝恩

同考試官訓導楊　批　勑天之功全在惟時惟幾

作者類於首句纏冗獨此篇順題說去而且詞氣馴雅錄之

考試官教諭彭　批　洗去支蔓更可式多士矣

考試官教諭李　批　帝舜保泰之旨發揮曲盡

聖君述作歌之意惟密於敬天而已甚矣天命所當畏也隨時幾以密其功謂不可保治於無窮乎且以天之心爲心者舜也欲失之歌以責

臣而先述其意曰世世不可以常泰心必期於有終今也治定功成天固錫眷於我矣而理亂每相尋則所以迓天休者當切乎寅畏之念禮明樂備天固用休於我矣而安危每相倚則所以凝天眷者益嚴夫儆惕之思自其流行謂之時時有久暫而天命與之俱也是必欽崇於天而久安長治之圖即頃刻之間亦弗敢懈焉自其潛伏謂之幾幾雖莫顯而天監恒在玆也是必祇若於天而憂治危明之慮即毫髮之際亦弗

敢忘焉陰陽之運有常而吾之操存也爲無間
夙夜宥密惟恐一息有違於天而怠荒由之以
起此固制命者所日謹也而有撫辰之責者容
可以或忽乎端倪之露甚微而吾之省察也爲
獨早慮善以動惟恐一事不協於天而憂患因
之以生此固宰命者所預防也而任若采之司
者容可以或弛乎如是則上下無怠心帝天有
成命庶幾哉今日之盛可以永存而勿替矣嘗
觀皐陶陳謨於舜有謂天敘天秩天命天討天

聽明天明畏諄諄以天爲言而終之以敬哉有
土今舜作歌責難於皐陶而亦以勑天先之君
臣上下交相儆戒同一敬天其何以故吁此聖
人無窮之心也心愈下則治愈隆千載而上獨
稱無爲有由然哉

惟暨乃僚罔不同心以匡乃辟

施　霑

同考試官訓導楊　批

同心與啓心沃心本相照

應此作足以發之宜錄

考試官教諭彭　批　只檃括上文語而立意高卓

考試官教諭李　批　詞理簡明

賢王命大臣欲其率屬以盡忠焉夫同心匡辟臣之義也相臣為百官之表而可不思所以率之乎高宗命傳說意若謂任人圖治君道也而以人事君相道也汝在左右固賴以輔吾之德矣然將其美不若匡其失者於君德為有裨持己見不若集衆思者其忠益為愈廣自六卿而下職雖不同而皆於汝乎觀望也是惟綱紀於

密勿而精誠所動有以作其敢諫之思自一命而上任雖不一而皆於汝乎儀刑也是惟振揚於朝堂而意氣所孚有以鼓其弼違之義以一身而贊萬幾亦以一心而倡百辟忠藎相為感通而繩愆糾繆凡列於位者咸有所興起焉不獨說之啓乃心而已欲有以懋脩君德則亦有以聯屬羣心竭恭相為砥礪而獻可替否凡業其官者咸有所激發焉不獨說之沃朕心而已是其在元佐也闢誠布公先臣鄰而立正君之

準其在庶僚也鞠躬盡瘁後台鼎而効責難之恭夫能使同官者而同心則於汝之論思將必有交濟之美矣說也可徒以納言盡諸已哉然納言在臣而致其納言在君苟或君懷不虛則臣心顧忌雖欲盡言得乎是故傳說尤以從諫望之高宗也乃若高宗命說曰啓心曰同心曰訓志而傳說亦曰遜志夫惟君臣以心志相許則君爲令主臣匹阿衡也諒哉

詩

思齊大任文王之母思媚周姜京室之婦

大姒嗣徽音則百斯男

李仲文

同考試官訓導楊　批　文王聖德成于聖母而賢妃之助亦多是作揄揚殆盡且典雅可錄

考試官教諭彭　批　嚴整精練

考試官教諭李　批　明淨可觀

詩人推本聖德成之遠而助之深也甚矣文王之所以爲文也而原其所自其得於成且助者

寧少哉思齊以咏文德也若曰聖人之德有得於己者亦有資之人者而要不可謂無所自也吾試觀文德矣今夫懿恭而徽柔以一心肇敬止之統人皆曰文王之自爲德也而不知上有聖母焉蓋大任文王之母也而以周姜臨之則有婦道焉婦道盡而後母道其克稱已惟此大任則端莊而靜一者可以觀母儀是思齊之爲能敬也柔惠而溫文者可以觀婦順是思媚之爲能愛也夫一於敬者若不足於和而且敬

且愛文王之母其聖母已以聖誕聖而文德之
和敬其成之不有自乎哉光前而啓後以一身
集肇造之傳人皆曰文王之自爲德也而不知
下有賢妃焉蓋大姒文王之妃也而以大任倡
之難乎其繼焉繼統盛而後前休其無忝已惟
此大姒則以光於前而徽音之遺烈克紹盛美
之所以傳也以衍於後而百男之發祥孔奕本
文之所以茂也夫盛於前者或難必於後而益
衍益傳文王之妃其賢妃已以賢配聖而文德

之昭格其助之不有自乎哉夫文王旣聖矣而
且成之如此其遠焉助之如此其深焉誠甚盛
德蔑以加矣抑於此不惟見文德之盛而以周
姜傳大任任再傳之姒周道家法之淑如此孔
子敘周室人才而與九人竝傳寧偶然乎哉然
文王於此四友之功尤不可誣也蓋至於刑于
御家邦肅雝保臨文德之聖寧專恃之人乎故
曰不顯文王之德之純
念茲戎功繼序其皇之

安　祚

同考試官教諭王　批　發周王報功之意明鬯而婉眞得盛世君臣氣象

考試官教諭彭　批　詞氣冠冕老成

考試官教諭李　批　簡潔而有英華

周王報助祭之諸侯亦惟久大而巳矣蓋繼序則久而皇之可以觀大也周王以此報其臣貞盛世之氣象矣乎歌烈文者曰國家所以有世美者謂其有世臣爲能立世功爾在國著廉靜

之操固宜崇矣肆今清廟啓而和敬萃焉祉福之錫是之謂元福明堂開而羣工涖焉錫福之功是之謂元功我其念之非爾茲行則無以有茲福而所以簡在王心者在廟宜隆於在國爾非茲福亦無以建茲功而所以賞延於世者來祭宜倍於來朝自爾身而子建侯之利序自有在也我其皇之無所靳焉以懋衍其駢繁之祉亦如爾之錫我者而已矣自爾子而孫胙土之封序本無旣也我其皇之爲益大焉以愈隆其

滋至之休亦視爾之惠我者而已矣念國家操
爵賞之柄固有予於前或奪於後者而我之於
爾有永報斯其爲與國同休矣乎念人臣膺寵
錫之榮固有隆於始或替於終者而爾之於我
有永承斯其爲長守其貴矣乎吁周王之報其
臣者厚矣然錄其功崇其報復示以繼序之皇
若疑於後世徇臣之爲者不知序本於繼皇因
乎功匪功胡獲不能繼則泯亦甚嚴矣哉卒之
無競不顯人道與德之交勑焉而所以警之者

何至也有相規無相諛期其成毋期其負吁兹
其爲盛世之君臣歟

春秋

齊人救邢閔公元年秋九月齊侯宋公江
人黃人盟于貫僖公二年

周禮

同考試官教諭郭　批救邢結江黃正桓霸大義所

闡此作詞不費而意足末復欲人君審於聽言殆有蘊積者錄之

考試官教諭彭　批

得謹嚴體

考試官教諭李　批　詞簡意明

春秋紀霸主之兵與信而皆有以予之也此見兵以救患盟以結遠皆義之不可已者是故春秋取之且自邢被狄難齊也憂之而有救邢之師夫兵者春秋所重乃書救以善之何蓋事有關於安中國者君子亦酌其義之所急耳邢屬親暱而狄敢伐之此固門庭之寇利用禦者桓欲霸而不之救內其誰與安邪幸而簡書是畏爰興節制之師邢卒賴之以安靖焉患恤而職

脩矣是兵雖不祥之器然不得已而用之捍患
蓋將以救焚而非不戢自焚矣此春秋善齊救
邢意也而用兵之情見矣不然軍旅之事嘗曰
未學而何善乎是救若江黃近楚齊也結之而
有貫澤之盟夫盟者春秋所惡乃獨言江黃以
許之何蓋事有關於攘外夷者君子亦權其義
之所宜耳楚漸憑陵而江黃與之此固羽翼之
資所當剪者桓制楚而莫之慮外其誰與攘邪
幸而綏懷是圖爰定犄角之勢楚卒因之而屈

服焉慮周而義著矣是盟雖衰世之事然不得已而用之服遠蓋將以戢亂而非覺盟長亂矣此春秋許齊盟江黃意也而憂世之心見矣不然載掌司盟猶爲未善而何許乎是盟吁桓之安內攘外如此霸業之興有以哉雖然救邢者桓也而請之者仲也邢城而諸姬咸賴焉彼江黃遠齊近楚之云仲亦旣言之矣桓始結之以制乎楚而卒棄之以滅於楚諸侯其曷宗邪噫仲一霸佐耳言之用否齊之興替猶因之然則

人君之聽言而可以不審也哉

齊人歸我濟西田 宣公十年 齊人來歸鄆讙龜陰田 定公十年 齊人歸讙及闡 哀公八年

樊維价

同考試官教諭郭 批 題本屬詞比事以表聖化此作默傳成文化强之績宛然在目且格正詞嚴宜錄以式

考試官教諭彭 批 得厚績之旨

考試官教諭李 批 刪去浮言足式多士

春秋詳紀內地之復而獨序其化強之績焉此見鄆讙龜陰之歸由齊心服而歸之也其諸異乎濟西讙闡之歸歟且昔魯鄰于齊封疆之見侵也數矣乃有濟西復歸于宣鄆讙龜陰復歸于定若讙及闡則復歸于哀之世焉要其歸一而已獨于鄆讙龜陰之田而書來歸何君子曰觀于此而知聖化之不可及矣彼好結于高固之親禮隆于朝會之勤魯求之而齊悅之濟西之歸于宣則然耳順效于邾益之歸惠徼于季

姬之嬖魯要之而齊應之讙闡之歸于哀則然耳乃茲三田之歸豈其然哉方夾谷之會齊席東海之雄從犂彌之請固欲亟得志于魯矣時則孔子相焉揖讓于壇坫之上既足以動其觀感之機應對于好會之間又足以啓其敬畏之志由是君恥入夷之俗而引咎之不遑臣圖謝過之質而歸田之恐後是其一言威重于三軍在我惟動之以禮三田化歸于俄頃在彼亦應之以誠美哉聖化之神也夫豈後此讙闡之歸

由于改過所可同抑豈前此濟西之歸出於安悅所可及哉故于此獨書曰來歸者以見齊人感化中心悅而來歸耳而聖人化强之績彰矣其殆以天自處而無所嫌乎雖然宣哀不假言矣獨惜仲尼用魯三田歸二邑墮亦旣以禮爲之兆矣向使定能信任之專焉魯其東周無難者柰何女樂歸而孔子行一變至道之志托之空言矣吾是以知後宮盛色賢者所以隱處而不信仁賢則國空虛可爲君人之求鑒與

禮記

冢宰制國用必於歲之杪五穀皆入然後制國用用地小大視年之豐耗以三十年之通制國用量入以為出

魏烜文

同考試官訓導莊　批　古冢宰定經制以詔王出入財用恒足有由也是作詞簡意明歸重崇儉殆知修實政者可式

考試官教諭彭　批　雅實取之

考試官教諭李　批　是邃於經義者

大臣因時以理財其法爲至詳也夫立國之本先于財用也以時制之而必曲盡其法焉大臣經國之慮遠矣見于王制者若曰財用者軍國之需而天下之大命也自善理者之無其人而財斯匱焉爾古之冢宰以一身任阜財之責知制不以時則幾于病國矣故于歲將告終用且更始也乃因用而制爲不易之經農事備收其數可陳也斯因數而立爲有常之制是冢宰之制國用者惟此時爲然矣而豈無其法哉蓋地

有小大者其一定之則也年有豐耗者其適然之數也因地以視其年而或盈或縮有得于常賦之供則因年以定其制而存一用三循之爲通融之法自一年之積推之而至于三十年之久焉計三十年之入合之而使有十年之餘焉由是計要有成規恒準之爲泛用之數而匪頒有定式每取衷于賦税之常量其所入之厚則出者與之而俱厚焉非以侈沒禮也入厚則用然雖奢而不以爲靡矣量其所入之薄則出者

與之而俱薄焉非以非廢禮也入薄則用然雖儉而不以爲固矣向使入者常不足而出者常有餘吾懼其用之有時而匱也而冢宰顧無見于此哉斯則制之終歲者足以待來歲而不窮行之一時者垂之于百世而可守大臣之心乎國計者遠矣雖然國家之財用制之者存乎臣而盡其制者非臣也蓋經制之法惟以防其末流而本原之地係于君心故有典有則之訓必克勤克儉以爲之先而一人敦素斯天下莫敢

費出無經者然後制法之善行矣以是知足國裕民之道其惟大君知之意乎

外無敵內順治此之謂盛德

葉中彥

同考試官訓導楊　批

無敵順治正勇敢强有力

考盛德處場中作者率多支蔓意明詞潔僅見此篇錄之

考試官教諭彭　批

明暢可取

考試官教諭李　批

莊重得體

君子成內外之功所養之大可知矣蓋治功之

建以德爲本也君子合内外而有成功焉非盛德孰能如此乎且夫君子用大勇於天下則盛德大業一以貫之者也惟功不著於内外者謂之盛德未也今自用之戰勝而曰無敵是不出於一怒之奮而威行於外天下孰不畏之所以壯國家之神氣者於斯人乎有賴矣包用之禮義而曰順治是不越於揖讓之間而教成於内天下孰不懷之所以培國家之元氣者於斯人乎有屬矣是豈不謂之盛德乎吾知攘外之勳

非徒勇者所能勝也必其氣足以塞天地而卓乎爲神武之昭安內之績非任力者所能成也必其勇足以配道義而巍乎極懿文之著出其蘊可以貞逆而處順有大設施必其有大涵養者也君子所以世亂不阻世治不輕而備天德之剛在是矣向使德有未懋何以能靖外而治內哉究其施可以體常而達變有大經濟必其有大抱負者也君子所以德威惟畏德明惟明而稱義理之强者在是矣向使德有未厚何以

能揆文而奮武哉然則先王行聘射之禮而勇敢之是貴者貴其有德故也不然亦一有力人焉爾豈尚德之世所足重耶大抵君子之行禮非以爲觀美也所以飭人文昭道化戢亂致治爲世道計也是故崇虛文者罔實得專小節者昧遠圖則亦無怪其不足任天下之事矣方叔之顯允南仲之敬戒山甫之柔嘉張仲之孝友夾輔周宣所以順治威嚴而極其盛也殆亦深契記之義歟

第貳場

論

人君所以端拱無爲

熊朝恩

同考試官教諭謝　批　人君端拱無爲始於憂勤此作滚滚千餘言發揮甚悉且詞調高古盤旋精闢深讀之令人起敬

考試官教諭彭　批　議論博洽足占邃養

考試官教諭李　批　大雅之作宜錄以傳

帝王以心運天下而以身享天下然運之嘗在先而享之嘗在後故人徒見其身享之逸而不知其心運之勞也夫帝王握褒兼靈席尊履盛舉凡操縱指使唯其意而莫予違即脫然自處于九重何所不得而乃兢兢焉先天下而焦思瘁神之若是哉蓋眞見夫巳之一身萬民之所待命有不可以一日釋者而天下之事平陂相倚應違相通治忽相因又若影響之弗易苟幸其未至而以怠心處之則臨務而每憂其不足

惟慮其必及而以慎心御之斯當機而每見其
有餘夫不足故膠膠擾擾而以我爲役也有餘
則聲色不大而以物爲役矣以物爲役又何爲
之有哉此固聖帝哲王恭己成功之道而要非
玄默致者請因胡致堂氏之說而申之今夫斷
木爲棊梡革爲鞠制器且然況天下大器也何
以曰無所爲夫一爵在奉不恬于色挈百石之
尊則券𩊦鞠𦢊而攺視蓋有其司者束其躬肩
其重者易其度人情大抵然也況五位之尊四

海之廣萬幾之夥而可以垂衣拱手處之乎是故天命靡諶民心至渙何爲而凝承固結之侯辟維翰臣工允鄰何爲而聯屬控制之禮樂刑政名物度數何爲而敷張伸縮之曲閻蔀屋強掩弱衆暴寡詐欺愚勇侵怯饑者思食寒者思衣顛連孤獨疲癃殘疾戴盆望天而思濟與夫雕題梟瞷辮髮毀顏摶木之區九域青羌之野孫樸續樠之國夸父禺強之所夏海之涯凡含生比族而跂聖人之匡置袵席者將不可數計

而周知君人者雖兼日而思兼力而任亦有所不遑而安得寂然爲也噫必如是說則法家監門臣虜之訛尚不殻此而古所謂篤恭而平臥赤子而安朝委裘而不亂者皆非矣抑孰知聖人固有爲之所者而不在于舉動設施之間胼手胝足之末也聖人豈不欲有所爲哉其理固不可爾盍觀之天乎夫天人見其確然示人於穆不已而已彼其晅以日月鼓以雷霆潤以風雨斂以霜雪而後萬物育焉又若不免于爲者

然遂執此而謂天之有爲豈可哉要之冲漠之中自有斡旋之而不得其自爾人君代天而爲之子位曰天爵職曰天工賞曰天命罰曰天討其精神意氣一喘息呼吸而與造化通苟不則天以善治其何以使身逸而功倍也哉況吾身一而天下且萬吾心誠而民物多僞吾守常而事變多旁午而不可定夫以一待萬其數不勝也以誠御僞其數不勝也以有常臨無常其數不勝也吾操三不勝以居其上而彼蓄無不勝

者環視而聽令朝求而夕索焉吾身雖明如離婁聰如瞽曠巧如工倕算如隷首疾發如窮后博詰如曾史矯追羽林筋折門鍵左畫方而右畫員履維斗而襲氣毋萃七十九代神聖于一身如所謂赫胥尊盧豨韋伯皇中央驪畜之生天生地乘雲變化者而皆出吾胷中以與天下角亦有不能矣夫勢既有所不能而責又有所難逭吾欲盡吾不可逭之責而思以善通其不能之勢如是而使其心有一息之或懈天下事

將決裂四潰而不可收拾矣俟其至是而始爲之謀雖竭蹷蚤夜趨之吾力不敝而海内不日見其紛紛多事乎故聖人曰事有必至理有固然燎原之火起於爝爾千尋之隄齧于蟻壤其機神蕭牆之内旋生胡越牀第之側必有戈盾其隱伏藥石之迅足以寧體宴安之毒比于美疢其用遠無荒無怠四夷來王其亡其亡苞桑爲繫其驗速于是戒儆恐懼于太寧雍熙之日防閑閑固于淵默嚴邃之中憂勤惕厲于紀法

號令之際度德而論官量能而授任知者授事定計幹者亮釆冊勳廉者課國牧民勇者扞圉宣威賢者調元贊化斌斌濟濟䟽附夾輔皆分列而得所賴矣而又朝而聽政晝而訪問夕而脩令無逸時也左右司紀臺省進規燕閒致須遊田效箴蒐狩備禮無逸地也盤几示銘戶牖昭範杖劒垂言圖史著則無逸物也雞鳴有戒卷阿有歌位有虞賓祭有三恪庭有夏士廟有殷士甸有雔民門有夷隸疑丞後先筮卜出入

御睠幾聲士庶傳誦推而至于飲食衣服嚬笑
起居罔有不肅而又昧爽丕顯坐以待旦凜凜
然皇皇然如引朽索而馭六馬如蹈春氷而臨
深淵焉聖人豈顧爲是私憂過計哉蓋治不越
于治之日必有所由始亂不成于亂之時必有
所由基天下之事自處以無事者未有能保其
無事者也惟其能如是存心而預待之是以纖
縢扃鐍固其司梁棟榱桷備其具綱紀節目密
其維樞機脉絡通其貫辛甘燥濕和其調水火

土石當其急由禁闥以及外庭由畿甸以及郡邑由三公九卿以及羣工庶寮莫不井井秩秩守晝一而奉至尊若五官百體各效其司以聽夫君天君者恬淡寂寞而無容力焉是故是非莫眩輕重莫溷弛張莫測威福莫移因而不尸順而不牢籠而不功靜而聖動而王不震也而嚴樸素而天下莫能與之爭美法如朝露純白不散心無煩念口無煩言輿騎不極于衡遶旌干不淆于大澤黔赤不戕育于鋒銛豪士不著

名于竹帛記年之牒空虛地平天成祉鳴神格推而至于鳥獸草木莫不咸若矣尚何虞天命人心之難孚侯辟臣鄰之難一禮樂刑政名物度數之難辦乎而又何有于匹夫匹婦之不獲九夷八蠻之不通道也哉當斯際也官府若無擾大廷若無事人主始凝精收視綴紳正笏於穆清之上而薄海內外仰德而象成誘然皆生而不知其所以生同焉皆得而不知其所以得乃始聚族而頌曰聖人功化之神如此而聖人

豈有他術哉惟敬以作所而寄治于賢聽事于法而我無與焉爾向使聖人者綏心而無謀柔茹而寡斷幸四方之無虞而玩愒于日時習知天下之尊服已也泄泄然養蔽于冕旒黈纊曲房緹帷之間而肎越沉湎于廿脆美男之娱則泰以基否安以召危存以釀亡天下事日叢脞委瑣而不可解矣尚何從容暇豫之足云昔者孔子謂知爲君之難則一言興邦又謂居敬而行簡可以臨民夫邦之興簡之行端拱無爲之

說也然必始于知難居敬焉則所以端拱無為之道矣且自古無為順治者又孰有加于唐虞三代哉迄今觀詩書所載兢兢業業與夫嚴恭寅畏小心翼翼不一而足則知人主所以不降階序而登天下于理者誠有所以致之而豈真可以束手安坐為耶後世之主其欲安而惡勞與先聖同奈何皆知安之可欲而乃去其所以安皆知勞之可惡而乃喜其所以勞何也時幾惟敕偷惰所甚難而治之所由適也盤樂怠傲

愁嘆所由起而庸靡之所甚便也二者若利而實害與夫若害而實利其得失相萬也不可以不審也取舍不審將不可以治一家況天下乎今家人之治產也堅忍以凍苦率先以勤儉雖終歲嗃嗃而溫居樂食者必是家也鄰有佚處者日嘻嘻宴好以為常豈不歡忻稱快哉未幾而饑寒奔僕隨之矣故聖人之道前苦而長利時主之習先愉而後窮通乎此者庶可以語垂拱之道歟抑是道也不艱於創治而實艱于繼

體守文之朝不蹶于中材而每蹶于英明好大之主不失于偏安未集而多失于太平一統之後此祗祗厥身欽厥止率乃祖攸行天命自度治民祗懼之訓雖當商周綦隆而古之聖賢益惓惓告誡不置也玆豈非有見于端拱之難而放溺廢治之當懲歟雖然本在于上末在于下要在于主詳在于臣然則人君之所以無爲蓋有爲之爲者又不專以其心之敬畏而已如必取諸一心而後足則自軒黃以來所未能而彼衡

石程書備士傳餐反得所以端拱之故矣有是理哉故曰相道得而萬國理又曰勞于求賢逸于得人此君之道也乃所以端拱無爲者也

表

擬宋以程頤爲崇政殿說書謝表 元祐元年

王吉人

同考試官教諭王 批 詞麗中雅有典則誦之音韻鏗鏘固冥拱矣而勸學之規溢於言外卽程子當日時表謝亦

不過如此子之異日效忠可卜錄之

考試官教諭彭　批　詞氣悠揚誠愛諄懇匪特四六之工已也棘闈中殆不多得

考試官教諭李　批　學醇識正情見乎詞

元祐元年某月某日伏蒙

聖恩召臣頤爲崇政殿說書謹奉

表稱

謝者伏以

宸宇尊嚴

弘頟重正民之義儒紳侍從
講筵資稽古之功
旨趣貫而
神智清
聞見眞而理道備華階
特命陋質奚堪臣頤誠惶誠恐稽首頓首上言
竊惟
大君圖治恒主善以爲師載籍傳文貴博觀而
執要若其任人勿貳自爾爲政不難粤貴

帝化洽淳厖合宮審聽而神堯績垂於夔
衢室洛詢鑒成憲以無愆忠存傅說訪洪
範以敦典道在武王納一言順守於新書
陋三尺奏功於汗馬五經同異會石渠以
折衷七略總凡待金門而删定講藝當投
戈之日說經承賜綬之榮館置弘文盛延
學士事書對仗復許史官類非大聖作爲
僅臻小康治效肆惟

藝皇

開業首購遺書以暨
列聖
承基咸親文學
隆尊賢敬士之禮
弘右文法古之規景祐以來昌朝希言
殿廷輪直元豐而上邢昺馮元講讀殊勤被
碩彥宜被
洪恩顧臣愚乃叨
優寵茲蓋伏遇

○○○○
睿質天成
英資神授
冲齡嗣登
天位民物咸熙
純心統理寰區
勳華載協徐積
賜兼眾帛
澤注方新彥博

詔起平章人
悉求舊明經賢俊
舉用已先
大學規條
勸修尤切誠
聖君之間出而臣民之具瞻也屬當
纘圖之初爰
急進學之務
謂政事張弛固有定體而典則昭垂實具羣

書矧儒者考古知今宜用之閒邪陳善緣

採重臣共薦

召臣

崇政說書伏念臣顒士類迂流洛中凡品雖

奏允章悟

主忠悃未伸慚無儒效匡時

巖廊曷稱顧幸職專敷奏尚期獻備曝芹訏

謨敢引詩書朝夕納誨大道必陳堯舜啓

沃乃

心東
邇英西
延義喜近
天顏左史籍右經書敬供日講敢謂
至聖但涉獵以見往事將俾
朝廷儆懲忘而由舊章庶幾贊
聖德之高明成
治功於萬一也伏願
終始典學

左右惟人
究極義意之歸
討論皇王之略衆思集而忠益廣
常接仁賢眞性湛而教化光
謹娛宮禁
文軌愈同於四海
太平永保於萬年臣頤無任瞻
天仰
聖激切屏營之至謹奉

表稱

謝以

聞

第叁場

策

第一問

王吉人

同考試官教諭王　批　周王天極統發聖義

皇上同符而實過之啓佑輔相問學三者子歷歷考古驗今不爲迂談是能繪天地之大者未

以申命用休為獻辭盡而忠愛無窮可以錄矣

考試官教諭彭　批　我

皇上之所以聖闡揚甚悉而忠悃溢於言表佳士佳士

考試官教諭李　批　揚厲而不為諛詞尤見忠懇宜錄以式

聖人之興不偶然也天將啓之以昌明之會則必畀之以覆順之全是故以作於前而典則具備啓佑之有自者天也以弼于下而忠貞畢集輔相之得人者亦天也以

修於身而夙夜敬止問學之無倦又天與
聖人之交感爲一也知乎此則知周成王
之所以聖我
皇上紹統中興遠媲堯舜而近邁周成者可得
而對揚之矣夫千金之子欲紹休祖烈光
大舊物則亦必有不世之遭逢仰承遺緒
奔走臧獲而爲千金之子者亦且茹呰攻
苶不暇庶幾有所成立況天下何重大器
也人君一身百責攸繫其興也遽偶然乎

哉羲皇垂統神明代作文武開基謨烈大
備肆成王出焉以幼冲之年躬上聖之資
延周家八百年無疆之曆人皆知其聖矣
自今觀之成王繼武王而興者也武王踐
祚問黃帝顓帝之道於師尚父致齋端冕
而得丹書於是惕然恐懼退而為戒無所
不慎于席銘曰安樂必敬無行可悔一反
一側亦不可不志于鑑曰見爾前慮爾後
于帶曰共則壽于履曰勞則富于戶曰名

難得而易失于牖曰隨天之時以地之財敬祀皇天敬以先時于弓曰屈申之義發之行之無忘自過于矛曰造矛造矛少間弗忘終身之羞余一人所聞以戒後世子孫成王得其統而敢少嬾耶是其啓佑之自也成王爲君周公爲輔竭忠殫力不有其躬而成王又能虛心信任之是故抗世子之法於伯禽作君奭以留召公以輔善而相義則有輔常立於左是太公也天子

有不諭於先聖人之德不知國君畜民之道不見理義之正不察應事之宜太公職之多聞而道慎則有道常立於前是周公也天子有不厚于德不彊于行不誠于賞罰不能懲忿窒慾不從太師之教周公職之匡過而諫邪則有拂常立於右是召公也其或處位不端言語不序俯仰周旋無節妄咳唾數顧趨行不德色不比順召公職之博問强記捷給善對則有承常立於

後是史佚也其或燕辟廢其學左右之習
詭其師不博不習史佚職之而又有少傅
少保之任詔工之任太史之任成王中立
聽政是輔相之力也夾輔維持篤祐保護
成王欲時刻縱不可得已是以念繼序之
皇感周公之精誠懲殷頑之難殄夜以繼
日勞神焦思閔予之什夙夜敬止繩其孝
也訪落之什繼猶泮渙開其忠也小毖之
什荓蜂辛螫昭其悔也敬之之什日就月

將緝熙光明時其獲也佛時仔肩廣其益也是學問之功也要之天祚有周求孚于休夫是以烈風淫雨之不作感乎天海不揚波應乎地中國聖人之稱重譯來朝之使動乎交南而古今稱敬承繼體者必以成王爲稱首矣恭惟我

皇上睿齡纘序一成王之時

盈成撫運一成王之休而四海波恬中外晏堵無成王殷頑之梗亦無奄淮蔡之虞是

其爲盛遠過乎成周直上接乎軒皇虞姒

之統者而推本所自則

天之所以篤生我

皇上者固大異矣是故

神謨

祖烈輝熠琬琰

玉版

鴻編昭揭日月

精誠之錄

觀心之記儼然天鑒之在前
欽天之記
敬一之箴肅然師保之在上大道不不遠於家
懿範如指諸掌邇者
兩宮慶玉燭之調
萬乘謹文王之節
飲食起居罔不宣注
左右侍從咸出慎遴所謂啓佑之自以視成
王何如也夙德舊臣肩鉅任重謨明弼諧

矢志靡躬
密勿啓沃者左禮樂右詩書舟楫鹽梅之並
進喉舌獻納者恩雨露威雷霆甲兵錢穀
之各當以至
御覽彝風之進一周官訓廸之忱而倡率百僚
有自
帝鑑圖說之陳一豳風無逸之雅而納牖
一人尤真所謂輔相之力視成周何如也夫以
皇上之明真如貞觀之照

皇上之勇眞如天健之行而
上佑啓下輔弼如此夫是以旣
聖益
聖已精益精以莊敬之日强朝而
聽政晝
御經筵夜而繹習眞無頃刻之離以
清明之在躬
出御臣工
退親講讀

入隆孝養眞無毫忽之雜然我
皇上尤不自滿假時廑
箴誦如
御書學帝王大經大法如
御製謹天戒十二事如
御賜廷臣同心輔政責難陳善諸
宸翰尤且督責臣工之不已蓋
天純佑而
皇上益敬承之臣夾輔而

皇上尤勸勉之此其學問之力以視成周尤何
如也夫是以風雨時寒暑節豐年之祥疊
見於郊坰視昔無烈風淫雨者一矣山不
傾川不溢河流順軌海若效靈視昔海不
揚波者一矣虜酋稽顙確守外藩苗夷授
首巖穴肅清海外呂宋之國世世不入
中國者來庭徼外交緬之區世世累爲封疆守
者竄息我
皇上執中布度

天運而太宇清焉如地靜而泰階平焉巍巍乎穆穆乎夫是以遠媲堯舜也夫是以近邁周成也詩曰天保定爾以莫不興如山如阜如岡如陵如川之方至以莫不增愚敢以是為

今日頒書曰安汝止惟幾惟康其弼直惟動丕應徯志以昭受上帝天其申命用休愚敢以是為

今日獻

第二問

施朝恩

山海經水經學者多不譚

同考試官教諭謝　批

子能淹貫剖析之且中多獨見是能游乎方之內者可錄

考試官教諭彭　批

問學古博綜識見磊落

考試官教諭李　批

語尚極深會文切理

拘攣之見難與達觀宇宙之游必歸玄矚

昔者恠騶衍大環海之談人指爲談天

春秋時左史倚相讀九丘之書世咸服其
博雅則學固存乎人耳執事以蘇秦之游
談六國爲詢取其指當世事歷歷如在掌
上生非學爲秦者第宇宙內事孰非吾人
所當學耶請先折諸聖子夏問於仲尼曰
商聞易云生人及萬物鳥獸昆蟲各有奇
偶氣分不同而凡人莫知其情惟達道德
者能原本焉山書曰地東西爲緯南北爲
經山爲積德川爲積刑丘陵爲牡川谷爲

牝其皆然乎仲尼曰然吾聞諸老聃如子之言也子夏之在聖門是稱篤信謹守者六合之外宜所弗談而稱易稱山書則山海經之在當時固已隸之講習矣仲尼亦自謂信諸老聃孰謂聃也誕乎哉夫天有九州地有九道在天爲星辰在地爲河嶽保章氏以星土辨九州地分野作焉上通于天矣人有五倫地有五方四嶽四瀆等四方諸侯九州十二牧應十二分野下通

於人矣王制曰廣谷大川異制民生其間者異俗是故山林川澤丘陵墳衍原隰不一其宜延袤涂湊廣輪燥濕寒暑不一其向剛柔輕重長短大小遲速不一其情金木水火土穀不一其用雅俗文明闇智華夷不一其境神農得白阜圖地形黃帝濟東海取綠圖虞舜時王母獻白環白玦益州圖所從來遠矣禹受舜命代鯀治水始受兆於元夷蒼水使者致齋黃帝嶽崖之

下繼得金簡玉字於登宛委山之上已乃
勞身焦思穆穆亹亹爲綱爲紀薄衣食卑
宮室居外十三年過家門不敢入以久於
外已乃陸行乘車水行乘船泥行乘橇山
行乘檋左準繩右規矩載四時開九州以
祗勤於事已乃行山表木命諸侯百姓興
人徒以傅土從三子以行川益夔共謀大
章步東西孺亥步南北暢八極之廣以旋
天地之數已乃始自霍山徊集五嶽循行

四瀆搏木之地攢木之所揩天之山羽人
裸民之處飲露吸氣之民共肱一臂三面
之鄉積水積石之山莫不胼手胝足躬歷
而罔敢懈惰逮其終九州同四隩宅青龍
止於郊龜書出於洛祝融之神降於崇山
乃則壤成賦受珪錫命而告成功於舜是
故禹貢作焉足所履之山身所涉之水目
所睹異數異物之倫不知其幾而卒以禹
貢名書遵一王之制表惟正之供凡以尊

帝而彰厥慝也若曰此禹之所貢於天子者耳當其時禹平水土主名山川伯益等類物善惡著山海經與禹貢互相發明內別五方之山外分八方之海山與水錯陳舟車之所罕到久類之所希覩凡一十八篇或云孔子刪後所出或云漢臣劉歆等多所附益如長沙零陵桂林諸暨後人所屬而其為唐虞閒書則近之矣嗣至漢末水經出焉或云桑欽譔酈道元注始河水

終斤江水末附以禹貢山水澤地所在凡四十卷道元曰山海經閎而不備地里志簡而不周尚書與職方俱略亦各言其志也所注水經脉絡朱子固已採之禹貢中矣禹貢爲地平天成歸告成功而作是已成之書也是故以冀兗青徐揚荊豫梁雍定州以上中下錯綜定賦其詞確山海經爲隨山刊木創造經行而作是未成之書也故止以南西北東中定方隅而州則未

定以海內外大荒定梗概以鳥獸草木金玉人物紀珍怪而賦則未定其詞詳禹貢以尊京師爲主故首冀州兗最下故次兗雍最高故終雍崑崙最遠故以織皮與三國終之而無他賦山海經治之導之從其所自起天下山起崑崙故山海經首南山水經首崑崙東方爲水所受故二經皆以東終焉禹貢以定賦獻天子崑崙在荒儌外故不列九州止言導河自積石而非以

河源自積石也山海水經備載環海內外故得原其所起要其所止獨其中山海經海外與大荒五方與海內詞多類而事複則經度之始原爲未成水經南北江河宜分爲上下兩篇毋相混淆如昔人兩紀兩戒之說則更明飭矣今天下九州一統四海一區阻深者咸耀爲光明僻陋者咸化爲禮樂無昏墊不安之所無焚溺不拯之民愚生即有騶衍之談蘇秦之奇而無其

施顧獨以天無不覆地無不載今三家之
市十里之城人生其間肖形象貌蠉動夭
翹巳自不倫矧曰宇宙之寥廓陰陽之煦
蒸精氣運淆游靈變化而可曰同而不異
大抵君子道其常達人觀其變語其正則
盡之禹貢語其變則概之山經禹弼成五
服攸同四海其于中國曰既載既澤既蠶
既豬既道其乂其藝底平底績必欲其安
而後巳聖人之詳於治內也于四夷曰皮

脤作服卄服既略既宅丕敘卽敘曁魚底
貢亦必致之來而後巳聖人之周於治外
也然綏服者無異要服者不綏荒服者不
要又聖人之所以略於治外而不强其同
也今要約者俛首受羈絡而必責其常靜
毋動常安毋逸一以中國繩束之則無要
服而皆綏矣荒忽者納款稱外藩而必責
其佩我禮數若我化誨一以腹裏鈐憚之
則無荒服而皆要矣是故言天下之至動

而不可亂乃所以成其大言天下之至賾而不可惡乃所以盡其神至若山海經言貳負之臣禹梏之疏屬之山桎其足縛其兩手至漢宣帝時猶驗此可爲貳心之臣戒有蜮民之國射蜮是食爲鬼爲蜮則不可得射而食之此可爲邪民戒豐沮玉門日月所入倚天蘇門日月所生羲和之國浴日天虞浴月日月君象也而浴之此可爲夾輔日月者勸此卽無是事而理固足

信也況經備載之乎通乎此而可以語達

觀玄矚矣

第三問

李仲文

同考試官教諭郭　批　發黃老申韓之學已自有據至以實修歸之吾人責在司世道者尤切今日鈐鍵宜錄

考試官教諭彭　批　剖析諸家卓有定見非凡士也

考試官教諭李　批　破衆見以立論是有裨世道者

世之議道術者其患有二曰偏心智未大

覩訾橫胷臆跡其所見要處隙中是失人之失而不知自失其失者也曰怠心力所不及衷未肯降苟且畔援自以爲是是得人之得而不知自得其得者也至若溟涬一無所見迷鶩概以爲安此瞶且眩者之爲也斯無足齒矣今夫臧之與穀始同一牧羊也終同一亡羊也問臧奚事挾筴讀書問穀奚事博塞以遊挾筴者猶爲坐進此道博塞者充不過一無類焉是臧之猶

得以藉口也而孰知其亡羊一也吳王命歐冶子造劒金鐵方濡金忽踴躍而起曰我將爲干將爲陽我將爲鏌鎁爲陰歐冶子拂然而起以爲不祥齊眉目而爲人忽曰我賢我不肖則乾坤必以爲此何等人矣魚之涸也相與處於陸相呴以濕相濡以沫少間相蹉跳而起相爭以沆瀣之餘是故孰與相忘於大海之間也知乎此可以定評矣夫道何昉乎羲皇以前無言已

自軒轅氏作西至於空同問道于廣成子曰至道之精窈窈冥冥至道之極昏昏默默此道之所自來也而世稱黃帝爲道始者以此然黃帝之所以治者寧事乎勞勤心力耳目節用水火財物至於蚩尤一征尤其修德振兵之大也而後世道家談兵者亦自此始嗣是老聃者出著道德經二篇五千文其言性命以無爲爲宗其治天下以無不爲爲用故其言曰無爲而無

不爲又曰天下萬物生於有有生於無又曰以正治國以奇用兵以無事取天下蓋至於知其雄守其雌爲天下谿知其白守其黑爲天下式斯其言極矣世之推轂老子者言清淨無爲一也言殘忍少恩一也而言道必推本黃老矣孔子生於晚周上接伏羲以來三皇五帝之統下歷聘周覽啓七十二國之君中删述著作發明於三千子七十二賢之徒是故言性命而易道

具焉言政事而書而春秋具焉言詩而風雅頌具焉當其時及門之士列國之君游談聘問之大夫隨其所質莫不各得所欲而去謂孔子爲集羣聖之大成生民以來所未有也非耶孔子與老子生同其時問禮問道見於載籍中多有之祖龍起而吾道失傳咸陽燼而斯文遂喪延至漢興漸除挾書之律表章六經一時經生學士專門列戶各競師傳一字之解黃鍾大呂一

語之釋九鼎元龜蓋得於文湮復著之後其時其勢不得不然者而要之吾道之大全斯文之正印固未嘗一日不行於天下司馬遷作史記序六家要指覩漢儒之校讎苦訓詁之齟齬乃曰陰陽儒墨名法道德此務爲治者也直所從言有省不省耳以陰陽置之吾儒之前以墨名法雜之吾儒之間已自舛盭乃貶吾儒爲博而寡要勞而無功獨褒道家合於形神性命蓋舛

之外者也至其作傳以老莊爲首以申韓爲宗同一褒表故其言曰申子之學本於黃老而主刑名韓非者喜刑名法術之學而歸本於黃老其言老莊申韓則確矣而惜其不知儒也夫老氏之學世多傳其形神之旨而未測其刻核之慘蓋其視天下事一無足爲是謂無情之極出其一無所爲遂至於無不可爲是爲無恩之極無情之極至於無恩昔人固已傷之矣程子曰

老子全不與人爭放出無狀來便不可當

張文潛曰老子忍心無情視天下之人皆土偶便是殺人不卹遷亦宗老子者故其敘太史公曰學天官于唐都受易於楊何習道論於黃子至於李陵之救遷不自有其身矣大較學老氏之學口談性命中懷慘礉如此令天下家詩書戶說以聃論

聖天子在上統一聖眞賢輔弼在下力崇實學以治術發揮道術無不一而亦無可議矣

然一黃帝也吾儒家宗之彼老氏家亦宗之若遂無二者大無不包小亦可入始本一致流遂多岐理或然也試嘗揣摩今日之道術則亦有三焉攘臂宋儒粉飾佛老之堂奧兀坐捫心寬衣博帶而嘗示人以不可知不可解者名曰道學家饜班馬之唾咳效李杜之矉里結社雄談羣居嘲詭而嘗自以爲道之所在起視天下無足當其意名曰詩文家得其時則駕不得其時

則蓬累而行一意當世進則憂其君退則憂其民不爲虛談無用名曰功名家三家者總皆目之爲儒而道學家則于司馬遷所謂道者嘗陰取而陽棄之矣夫道學家使人迂而多無當岐路旁午本體失眞異服游食創見駭而難盡信至其回旣放之人心如寐者使寤此不可少也獨其徒言而行不逮廢紀綱納汙垢是不可長也詩文家使人蕩而多失眞豪舉不顧爭一字

之研至其味歌太平鋪張王化此此不可廢也獨其耽溺爲狂又或名高以爲敵國至不相下此不可有也功名家使人往而嘗喪其所守充一富貴之念何事不可爲至其整齊世道維持人心此不可後也所以囊括三家之道術而歸之一非此不可也獨其急利忘君先身後物或遂拓落平生之所學此不可不察也三家者遞爲世輕重然吾以爲道學家取名嘗先而其受惡

亦嘗多是僞者牿之耳要未可以絀其眞者詩文家是在六藝爲急然文爲有用而詩不列之科目卽嫺於此奚亟也詩亡而後春秋作豈是之謂乎功名家則反虛歸實去亂還眞爲得其正矣或者以爲孟軻闢楊墨吾以爲必軻斯可耳韓愈歐陽脩闢佛老吾以爲必愈必脩斯可耳獨不觀之孔子乎聃之道孔子所知者而始見之曰老子其猶龍乎纔見之曰吾道其猶醯

雖與道大難名曲取不厭此孔子之所以爲大也夫正道不泯而邪說難强世謂楊墨佛老無父無君今有甘棄其父母君上捐妻子而學者乎吾恐非人情也有樂毀其冠裳裂膚體而學者乎吾恐非人情也吾儒之道聲名以章之文物以紀之禮樂以輝煌之可謂樂趣而猶然有悖畔者此其故必有在也夫水之寒也火之熱也金石之堅剛也此數物者未嘗有言而人莫

不信其然本真素著也子思曰事自名也聲自呼也貌自眩也物自處也人自官也無非自己者吾敢以是望諸今之學者堯舜興而民好善桀紂興而民好暴設餌於下而魚爭食之縣和於旂而風爭鳴之孔子曰人有五儀有庸人有士人有君子有賢人有聖人審此五者治道畢矣振起而合併之是所望於司世道者

第四問

周禮

同考試官訓導莊　批　覽子知漢文唐詩此古今未易之評子能參伍發揮而心畫之說尤日用之不可不講者古辭

考試官教諭彭　批　書法之繇心畫之傳敷衍詳盡

考試官教諭李　批　證據詳明子舍尤確

天下有若緩而關鍵實切似易而肄習實難者書法是也天下不能一日無事有事則必求所以紀載是事者書也人心不能一日無感有感則遂易以紛拏是心者亦

書也而修明之爲要矣昔者生民之初渾渾噩噩結繩而治物各得所伏羲感河圖之瑞八卦作焉一畫一心也推之六十四卦莫非此畫也亦莫非此心也而書契由此以造結繩之治由此以代黃帝倉頡感鳥獸之文與蹏迒之迹分理可別而異也爰作鳥跡書書此心也鳥獸之文亦莫非吾心之文也是故六書一曰象形二曰假借象形不足而繼之以假借焉形不可勝

紀矣三曰指事四曰會意事不足而繼之以會意焉事不可勝書矣五曰轉註六曰諧聲會意不足再繼之以轉註諧聲焉意不可勝述矣然則蹊逕榛蕪波流曼衍寧俟後世始然哉然禹碑之記承帝曰嗟石鼓之文遊車旣工莫非古文也史籀作大篆與古文或異孔子書六經左丘明述春秋傳皆以古文嬴秦不經滌除舊典大發隸卒獄務繁興李斯奏罷不與秦文合者

於是斯作倉頡篇中車府令趙高作爰歷篇太史令胡毋敬作博學篇小篆興焉取史籀之篆而省改之也程邈皁繫雲陽獄增減大篆去其繁複隷書興焉始皇善之出爲御史名之曰隷謂施之於徒隷也八體迭興萬態畢起嗣是有八分有眞草有眞行草行或云楷書草書始東漢董仲舒欲言災異藁草未上即爲藁書草已萌於此矣楷書上谷王次仲作水經曰秦皇三

召次仲不至令檻車送之次仲化爲大鳥落翮居庸山中然則眞草之變寧俟漢乎大抵世道日自簡而趨於繁人心日自醇而趨於僞惟簡與醇則鳥跡科斗用之而有餘惟繁且僞則篆隸眞草用之而不足建安之際徐幹曹植曹孟德父子大其傳以及於晉永和之間鍾繇王羲之一門益精其學而後世稱書法者必曰晉矣然晉何以獨擅其宗也隸草之興已數百年秦

時諸法皆備至此有所揣摩以定其變當
其時人以清談爲宗虛曠爲懷修容發語
以韻相勝無所紛梧以撓其衷君修於上
臣勵於下即今歆豔人間者上下往來紛
輪變化有所興起以成其盛自伏羲倉頡
以後而書法至此凡數十變變之而極遂
不可復更易是猶茹毛飲血之變爲粱盛
而勢必不能以復毛血也巢居穴處之變
爲宮闕而勢必不能以復巢穴也篆隸之

變爲眞草而勢必不能以復篆隸也晉之以書稱盛而後世言書者必曰晉也猶秦人漢人之以文稱而後世言文者必曰秦漢也亦猶唐人之以詩稱而後世言詩者必曰唐也袁昂曰鍾繇之書秦漢以來一人而已劉靜能曰鍾王雖變新奇而不失古意信夫有唐聿興以書著名者無慮數十家如歐陽詢薛純虞世南褚遂良李懷琳杜審言張旭孫過庭諸人輩獨柳公權

之諷憲宗曰用筆在心心正則筆正爲得心畫之旨先是漁陽鼙鼓河北風靡不識顏真卿作何狀乃能如是今觀其季明草坐位帖挺挺忠義不磨雖與日月爭光可也則又有出於書法之外者宋代繼作亦無慮數十家如李建中杜衍歐陽脩米芾黃庭堅司馬光范仲淹虞允文輩皆其表著者獨程顥有言曰某作字時甚敬非要字好只此是學敬以聚心心以統字爲得

其本矣蘇軾論書法必論其人平生如云
林和靖清勁類其爲人歐陽詢貌寒微斂
悟過人其書勁險厲正稱其貌是知凡書
象其人爲得尚論之正者元季不綱大倫
攸斁本之則亡末如之何夷考其時固亦
有得書法之傳者趙孟頫是也一洗唐書
直師晉代虞文靖曰鄧書太枯鮮于太俗
安能及子昂萬一近代有謂其爲右軍之
後一人者則書法正矣而以趙宋之宗潢

甘胡元之臣虜弟子和南中峯老師之稱豈爲得當彼固藉是以爲名高欲逃其臣元之謬且將託以不朽而不知識者竊鄙之矣夫字心畫也揚雄曰傳千里之忞忞者莫如書是故程能者法也變態者時也作則者人也如其人則以顏魯公亦有田舍翁之誚見於李後主柳亦有惡札之譏見於米元章而君子重之其大者先立也非其人則以趙孟頫之酷似王羲之而世

不爲重君子可徒以藐焉視之哉要之人不能違乎法法不能外乎心王羲之臨鍾繇帖勝其自運王學鍾而變乎鍾也鍾繇見蔡邕帖椎胷三日嘔血鍾學蔡而變乎蔡也蔡邕八分本乎李斯小篆李斯本乎史籀大篆史籀本乎倉頡伏羲倉頡伏羲本乎龜圖鳥跡其始也未必不各有所因古文出而龜圖鳥跡失其象大篆出而古文掩小篆出而大篆藏八分出而小篆之

行不遠以至於晉遂無以加李嗣真曰右軍書法不一變格難儔如樂毅論太史箴其體正直有忠臣烈士之風告誓文曹娥碑其容憔悴有孝子順孫之象逍遥篇孤鴈賦其跡遠趣高有拔俗抱素之奇畫像賛洛神賦其姿儀雅麗有矜莊嚴厲之態蓋見象以成字非得意以獨研甚哉事心之要而變化爲難也雖然今變化極矣漢宣帝時命諸儒脩倉頡之舊不能復光武

時馬援上疏論文字之僞謬其言詳矣周禮有太史行人九歲四方之正王制有析言破律亂名改作之刑傳曰書同文書曰予欲聞六律五聲八音在治忽以出納五言汝聽是在考文者加意焉

第五問

魏烜文

同考試官訓導楊　批　敘演事如指諸掌上末曲從區處尤深杞宋之懷予先天下之憂久矣錄之豈徒以其文乎

考試官敎諭彭　批　剴答時務大不類經生語

考試官敎諭李　批　字比句櫛識遠思閎

夫獨化甄陶者天地之德也逢涌源泉者帝王之仁也造化無疆則八埏竝育王仁無外則四裔胥生是故天不頗覆地不偏載王者覆物如天載物如地能使東西一候南北一尉函夏一家下及魚鼈上及禽鳥跂行喙息蜎動蠉飛之屬莫不就安利去危殆旁魄四塞洽于和平書曰帝德光

天之下至于海隅蒼生罔不率俾詩曰率
屨不越遂視既發相土烈烈海外有截記
曰中國夷蠻戎狄皆有安居和味宜服利
用備器皇皇哉帝王之業所爲配天也蓋
肇自皇初訖于叔代語采地千里之內曰
甸千里之外曰采曰流語疆域五百里綏
服三百里揆文教二百里奮武衛語朝貢
吴越以珠發朝鮮以皮毳禺氏以崑崙
之虛以璆琳琅玕外是則人迹罕至流風

猶徼上仁所不化茂德所不綏矣求其兼容幷包遠撫長駕以六合爲境九州爲室八藪爲囿四海爲池億萬姓爲臣妾踰繩越契孰有如

今日者乎生滇人也請以滇論夫滇周之百濮漢之西南夷也其類氐其屬靡莫其人僰爨玀獠域殊種别馬牛其風自楚蹻開疆秦政頗略通道始以名入中國漢始置益州郡其渠酋賢粟朝貢内附厥後附叛

不一諸葛亮南征益郡始平唐蒙舍立國稱南詔既皮羅閣築城自王尋以守將起蚌鮮于仲通討之唐軍盡覆宋鑒唐禍以玉斧畫大渡河絕不與通然後段氏得以睥臨夔爨以長世矣由斯以論置郡者令自蔭就官非我設也朝附者不讓不貢不告不王法非我飭也王之者幸借其力滅詔破蕃懸爵以荅其功恩非我出也斧畫之者不欲罷弊所恃以事無用威非我播

也乃

今日塹山堙谷啓土披地矣方制提封同文共規矣拯溺龕暴布德抗稜矣驅駒町爲編戶更雕結爲冠裳魋頭露紒解辮請職僬僥梟瞯迴面革心絕鞮譯之傳撤藁街之邸蓋自我

皇祖攤善闡俘段明叩勒揚苴璪蹸平緬混炎區而一之以及

列朝休養生息利其貲用阜其財求羣以師儒

建之庠校以茂正其德而厚其性乃令時
享歲貢入稅給縣訓經邑達文物昭宣莫
不家有詩書人襲組紱矣然夷考其世滇
地雖遜天覆則同滇族雖夷人性則一觸
之可發豚魚自爭擾之可馴猛氏亦服漢
唐以來龍佑那漸出山林徙居平地是慕
中國之德也鳳伽異入朝得樂一部以歸
是沿中國之樂也西瀘令教異牟尋以祀
嶽瀆改官號是法中國之禮也段正淳遣

使求經籍得六十九家是購中國之書籍也惟中國德不能徠威不能讋恩不能綏信不能通以故正朔不加羈縻弗絶非我
祖宗大赫威武無以犁其庭收其版章非我
祖宗大脩文德無以敉其境釐其土俗肆我
皇上嗣服罷採金之令以藏富於民增比士之科不遺賢於野所謂
帝德光天率履不越成率俾有截之化巍巍乎信道遠三代術長前世矣雖然未雨徹土

無畏下民未濡戒繻可濟終日故治不忘
亂安不忘危者保邦之閎略也圖難於易
爲大於細者馭世之遠猶也滇地安矣然
疆徼厄塞滇人治矣然華裔雜居卽今熙
洽日久纍蘖少萌卒有椎埋胠篋之姦緩
之鳥散急之虎咥非可走尺檄而械致也
山箐諸夷盤據險阻如放豚憚於罥絡野
鹿駭於牢籠非可撲比伍而尋蹤也土官
裂壤而守各私其家幽明不分豪舉鼎立

非有僤繩墨可以拘東爲也夫以孔棘之
地棲雜處之民間以無嚴黜陟之官苟非
事制曲防却顧長慮使簡節疎目廢法弛
威竊恐氣洩鋮芒隄潰蟻孔民未得常寧
地未得常安也吾聞元江臨安南通交阯
金齒騰衝西擁諸甸自曲靖迤北而東彈
壓烏蠻是不當稽闗簡邏檻其咽喉設候
保圉謹察出入乎吾聞武定麗江姚安北
勝鄧川霑益稍雄兵力尋甸一路兵衛漸

疎是不當簡師征役厖賦訓戎驟士酋爲卒編部落爲兵乎滇欲假道必出貴竹萬一衝決何以禦之吾聞滇地有徑可達馬湖武定可達建昌川陸綰轂榛蕪莫啓是不當鑿磯增傳以通其道乎若謂菁夷難禦土官難束則

朝廷紀法昭然具存申飭舉行是在良吏故嘗譬之中華扃戶也四裔藩垣也藩垣圮盜得闌入卽有戶不能止故汲汲然不終

日而連蘩顧家也流官宰也土官臧獲也
宰識家法輒不敢橫悍臧獲則黠矣故馭
之各有道焉習人情也中州之民馴駟也
邊夷騠駻也御駟者垂其韁勒若騠駻之
騎則重勒而複轡不則覆軌者幾矣物性
然也故知治滇不可一切寬假以寬假治
之益以誖謾
主上綜理典章端平法度聲敎遠訖威靈肆行
卽暗昧得明疎逖不閑矣矧我滇乎是故

莫高匪天杞人慮墜莫細匪葵漆婦憚饑今日愚生之言即杞漆意也所謂憂治危明也

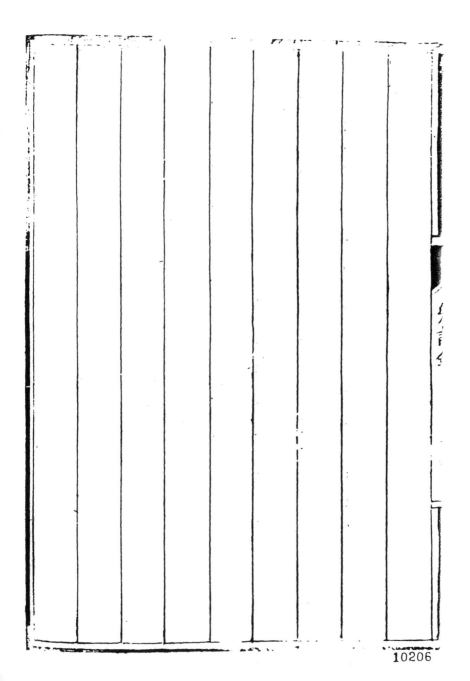

雲南鄉試錄後序

萬曆己卯秋八月滇南當舉

士御史維祗奉

上命防範禁緝之規視昔加毖復

以正文體公掄選而申戒約

焉諸執事懔懔肅將事竣登

籍以

獻師古謹遵故事序諸末簡竊

惟文章與治運相通治化之

盛也必由近而及遠文教之

盛也貴由文而返忠昔者神

禹治天下其道以忠近民忠

不靳文而文命自敷書稱東

漸西被南暨北訖其化最遠

而綦隆則忠之效大也嗣是而殷而周質文迭變亦其勢之所趨然耳孔子載觀三代之治則曰虞夏之道寡怨於民殷周之民不勝其敝蓋至於周末文勝列國方軌是以有從先進之思也滇昔爲靡

莫之屬然禹貢黑水出梁州
西南則昆洱蒼黑之間固禹
功敷治暨及之地
太祖高皇帝初平滇南嘗諭羣臣
以爲氣厚風和君子道行之
所蓋取其忠信誠樸與雕巧
飾詐異故欲返渾噩敦龐之

風而用夏之忠者宜莫如滇
士
列聖纘圖懋熙鴻化
今上
神聖
御極道暢九垓雖滇南遐陬亦霑
聲教一時明經之士標表藝

林策方之臣布列
朝省彬彬文獻與中州上國埒
矣此
聖化由近及遠之徵也邇歲文體
稍趨華靡
皇上屢發
德音

勑諸士敦尚實行文必爾雅頊又
俞言者請
明詔申諭至三惓惓焉欲救文之
弊而返之忠海內人士爭勵
濯奮矧滇士稟和厚之風承
作新之化宜其機動而矢應樞
運而戶從也今觀其文類皆

宗本經傳敷陳義理恢談王略陋斥霸功易詭恠爲雅馴化剽剝爲渾厚如過盤江層崖之巔而見滇南清和夷曠之境履金碧昆明之勝而覩其蜿蜒磅礴之形也可不謂盛歟雖然師古特取其文耳

未考其實也夫士挾策而進
也莫不有析珪儋爵之思及
其進而膺一命之榮也莫不
望其聲光之隆勢位之顯其
鶩聲光而要勢位也則其所
以事
主而治民者不務出於忠信誠慤

之道鬬巧而炫奇鬭長而伐異如膠舟不渡江海畫龍不會風雲卽係籍清華識者以爲謬舉矣師古欲爲諸士申乂要之義其道亦不外乎忠夫忠者不二之心而臣道之紀也諸士遭逢

熙運行將上公車服官政尚宜求
肩一心毋爲聲華勢利所惑
入告
君上攄誠自獻出經邦國勤力于
宣翼贊
聖朝尚忠之治躋世於虞夏殷周
之盛則庶幾哉是舉爲不負

矣古者諸侯貢士於上試之
射宮中多舉者有慶中少舉
者有讓當
聖主寤寐求賢之日卽濫有匪才
進則士有恥聲主司幷與罰
諸士其慎之哉
四川成都府華陽縣儒學教

諭彭師古謹序